①　「八重之像」（会津若松市）

大河ドラマ「八重の桜」放映を記念して、銃を手にした山本（新島）八重の像が鶴ヶ城城址公園三の丸に建てられた。2016年９月７日に竣工式が行なわれた。制作者は、元日展理事長で二本松市名誉市民の橋本堅太郎氏（2016年9月10日、大神あずさ氏撮影）。全身像の画像は、拙著『新島襄の師友たち』419頁参照。

② 錦三《きんさん》・七五三太《しめた》公園（神田一ツ橋）

新島七五三太が誕生した旧安中藩邸東の隣接地（東京都千代田区錦町３丁目）に2015年５月に造営された（同年8月9日、支倉清氏撮影）。

③　錦三・七五三太公園の説明板（2016年7月28日、多田直彦氏撮影）

④　クリスマス・ツリー点灯式（2015年11月20日）

同志社今出川キャンパスのサンクタス・コートのツリー（２代目）の下でキャロルを歌う同志社大学学生聖歌隊（同志社大学提供）。ツリーに関しては、本書118頁以下を参照。

⑤　E・フリント・ジュニア夫妻の墓

フリントは、新島が高校生であったとき、同じ家に下宿していた神学生で、妻と共に家庭教師役を買ってくれた。夫妻の墓は、出身地のリンカーン市（Lincoln、マサチュセッツ州）にあるアーバヴァイティ霊園(Arborvitae Cemetery、管轄はサドベリー町、Sudbury）に現存する。彼の墓（写真右）にはWELL DONEの文字が彫られている（2015年9月14日、多田直彦氏撮影)。

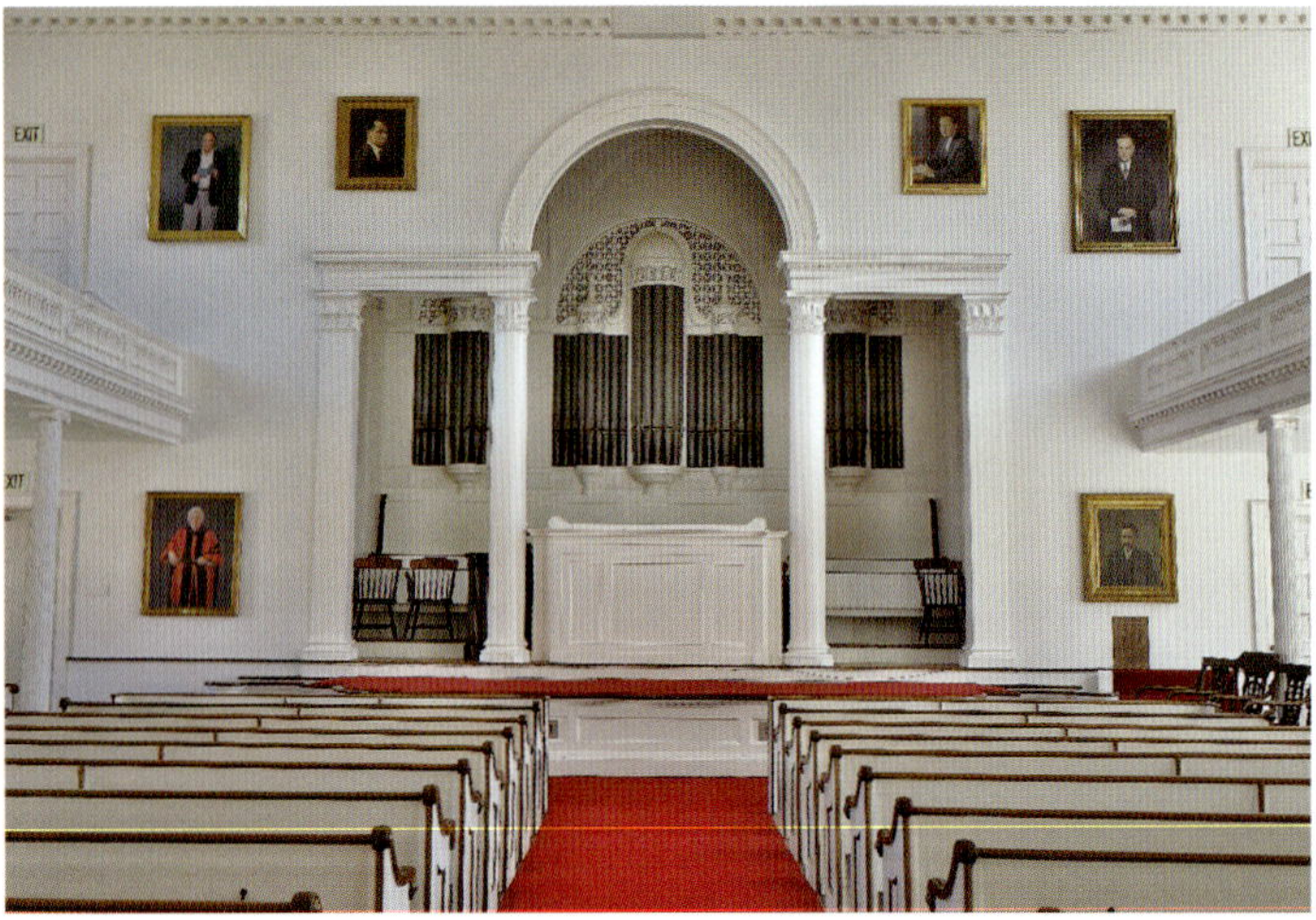

⑥　ジョンソン・チャペルの新島襄肖像画（アーモスト大学）

長い間、正面の壁（下段の左右）は、ふたりの卒業生の指定席であった。すなわちC・クーリッジ元大統領が左側下段、そして新島襄が右側下段（honored place）を占め続けた。しかし、近年、写真に見るような大幅な変更が行なわれた（2015年9月15日、多田直彦氏撮影）。クーリッジは、左下から右上（新島の上）に移されたが、新島の指定席はそのままである。新島の肖像画の場合、肖像画下に掲示されている説明プレートと共に移転することが困難であることも、現状維持となった要因ではなかったか。本書２１～２２頁を参照。

⑦　**新島襄の肖像画**

同志社女子部（今出川キャンパス）の栄光館ファウラー講堂正面２階（2016年８月７日撮影）。アーモスト大学所蔵の肖像画（右頁の⑥参照）を忠実に模写したほぼ原寸大のレプリカである（本書22頁を参照）。

⑧　新島旧邸ベランダ

同志社校友会は「新島旧邸案内」ビデオを企画した。現地での撮影の合間に、旧邸２階南面のベランダを台本片手に徘徊する本井康博（2016年7月8日、上野聡司氏撮影）。ビデオは、株式会社フェアーウインドにより制作され、2016年9月9日に完成した。台本は加筆のうえ、本書209頁以下に収録した。

本井康博著

自己発見のピルグリム

新島襄を語る・別巻(五)

はじめに

「新島襄を語る」シリーズは、二年前に完結しました。十年をかけての出版でした。全十巻の「本巻」のほかに、並行して新島夫人（八重）を取り扱った「別巻」なるものも四巻出して、全十四巻で「打ち止め」としました。ところが、今回、思い立って続編（別巻五）を出すことにいたしました。シリーズの最終巻である『志を継ぐ』の「はじめに」を認《したた》めたのは、二〇一四年の今日（八月二十日）でした。記念すべき二年後の同じ日に、まさか続巻の「はじめに」（本稿です）を綴っているとは、当時は想定外でした。これも心境と状況が変化した結果です。

この二年間だけを見ても、さまざまな出会いと自己発見がありました。行く先々で「良き人」に恵まれた新島には遠く及びませんが、私の場合も、多くの方々との巡り合いに恵まれ、自分の世界を広げることができました。

そうした機会が与えられるのも、たいてい新島絡みです。彼こそ私をいつも「自己発見のピルグリム（巡礼）」に連れ出してくれる存在《メンター》なのです。この続巻では、新島その人を語る一方で、少しは私自身の「自分探し」の遍歴やら私的世界の扉を開けたりすることにもトライしてみました。

出会いの一端を紹介しますと、修士論文や博士論文に新島襄を取り上げたいという卒業生や院生からのアプローチがありました。意欲の点では学部新入生も負けておりません。私は古巣の同志社大学神学部にゲスト・スピーカーとして春に呼ばれ、特別講義を行なっていますが、とくに近年、新島やキリスト教に共鳴する学生さんが目立ちます。

キャンパスや新島旧邸の見学ツアを一緒にしたり、学内のクリスマス・ツリー点灯式に積極的に参加したりするなど、「同志」を得た気分に満たされます。これが大学主催の安中《あんなか》・会津ツアとなると、当然ながら参加学生の意識はもっと高くなります。これまた心強い巡礼者仲間です。

学内高校の授業に呼ばれた時も、そうです。熱心な生徒から質問攻めにあい、うれしい悲鳴を上げました。なかには神学部志望の生徒もいました。「よしダメでも、なお頑張る」との決意や気迫がこちらにも伝わってきて、元神学部教員の心を打ち震わせます。

こうした若い世代の「裏熱」に煽《あお》られる、というよりも応えるために、もうひと踏ん張りしてシリーズを続行してみようかなとの気持ちが、じょじょに高揚してきました。この気持ちは、学内だけじゃなく、学外各地に呼ばれた時も同じです。

最近では、新潟と奈良がその好例です。前者は、私が半世紀前に社会人として最初に赴任した所で、職業人となった自分探しの出発点となった街です。今回の出張先は新潟市にある新潟教会（日本キリスト教団）と近郊の敬和学園大学でしたから、これまた新島絡みです。

前者は新島時代にできた同志社系の由緒ある教会で、新島の「遺訓」が今も生きています。後者も時代こそ新しいですが、同志社に近い学園です。この大学は、アーモスト大学（新島の母校です）にゆかりの深いふたりの学長（初代と二代目）の後に、ＩＣＵ（国際基督《キリスト》教大学）出身の学長が二代、続いています。これらいずれの大学も同志社とのつながりがありますから、あらためて新島襄の世界に目を開かれました。

新潟講演の次が、奈良でした。共演者が奇しくもＩＣＵの卒業生でした。ＩＣＵ初代学長が元同志社総長（湯浅八郎）であったことが、話題になりました。現職総長を引き抜かれた同志社からすれば、多少の恨みをこめて、「同志社総長がＩＣＵを創った」と叫びたくなるくらいの「事件」なのですが、ＩＣＵサイドから奈良で感謝されるとは、サプライズでした。

湯浅八郎と言えば、八郎に近い治郎（父）、吉郎《きちろう》（叔父）、一郎（兄）といった湯浅家の人たちはもちろん、その後の人たちも同志社にとっては大いなる貢献者《サポーター》です。とりわけ、戦後は新島の名を冠した新島学園（中・高・短大）を新島の出身県である群馬県（安中《あんなか》と高崎）に創設し、いまなお引き続き湯浅康毅《こうき》理事長を先頭に学園の経営に尽力されています。同志社大学は姉妹校である同校から多数の生徒（例年、高校三年生の七人にひとり前後）を受け入れています。そのうえ私はこのところ中高に毎年、呼ばれていますので、私的には第二の母校みたいな存在です。

ほかにも奈良出張では思わぬ余禄もありました。同地は、キリスト教史や新島研究の上で、私にとってもこれまで空白地帯でした。京阪神におけるキリスト教伝道の始まりや発展については、すでにほぼ解明されています。ですが、奈良は別です。そこで、これを契機に奈良市出身の神学生をナビゲーターにして、現地調査を敢行したりしました。

その結果、「奈良と新島」の意外に深い関係や、奈良県におけるキリスト教の歩みなど、数多くの新知見が得られました。最大の収穫は、奈良県のプロテスタント伝道は、大和郡山《やまとこおりやま》が先陣を切った、それも同志社系の教会や関係者が主軸だったという事実です。ですから、奈良伝道で新島襄が果たした役割や指導力は、けっして見逃せません。

こうした「目からウロコ」的な収穫のおかげで、私の視界はずいぶん広がりました。皆さまもしばらくの間、新島そぞろ歩きの巡礼におつき合いくださいませんか。新情報の発見だけでなく、自己発見の手掛かりをひとつでも得ていただければ、幸いです。

よろしければ、新刊『新島襄の師友たち』と共に、抱き合わせで読んでもらえれば、なお幸いです。

本井　康博

二〇一六年八月二十日

新島襄あれこれ
——新情報 & よくある誤解——

「神学入門」

今日は、神学部の新入生が対象ですから、新島襄に関する入門講座、あるいは初心者コースで行きます。数十分で、そこそこの「新島通」になれるように、必要最低限の基礎情報を提供します。

同志社創立者といった程度の予備知識はあっても、さらに詳しい新島の中身を知るのは今日の授業が初めて、という人が大半でしょう。ですが、すでに授業で勉強済みの学内高校や新島学園高校などの卒業生も一部、混じっていますから、中級者向けの情報も多少《ちょっと》織り込みます。新島や同志社について高校で習わなかったような最新情報です。

それに、ある程度、新島情報が蓄積されている場合には、かえって生半可な知識やら、時には間違った情報や印象を持っていないとも限りません。よくある誤解を解くことも今日の大切な課題です。

いわば、新島襄に関する「新しい常識」を定着させることを目指します。

現役の神学部教授でいた頃、私は何種類もの「同志社科目」を担当していました。他学部の登録者（受講生）が多い「巨大科目」として有名で、時には千名を越えるクラスさえ生まれて、四苦八苦しておりました。三年前に退職してからも、毎年五月には神学部から呼ばれ、こうして神学部一年生全員を相手に「神学入門」クラスで特別授業をさせてもらっています。全員出席でもたかだか数十人です。私にとっては、「楽勝」クラスです。

だから、肩の力を抜いて、自然体で語りかける授業ができるので、楽しいです。一昨年は二十八日、去年は二十二日、今年は十三日ですから、年々早まっていますね。二年前の先輩（現三年生）が、いまだに新島の葬儀の小ネタなどを覚えていてくれるのは、ほんとにうれしいです。皆さんも二週間後には、そろって若王子山《にゃくおうじ》へ新島のお墓参りですね。今日はそのための事前準備でもあります。

すべては新島襄から

前説《まえせつ》はこのくらいにして、じゃ、始めます

入学式から五週間が経とうとしています。神学部の住み心地は、いかがですか。同志社大学しか考えられない人やら、やむなく入った人、気がついたら来てた、とか動機はいろいろでしょうね。中には「えらいとこに来てしもた」感の重圧で、潰れそうになったり、逃亡・挫折寸前の人、いませんか。

でもね、きっかけや入り方はどうでもいいんですよ。入ったからには、本学にしかないものに触れたり、ここでしか手に入らないことを勉強したり、実践したりする。それができれば、結果オーライです。

じゃ、本学の独自性とは何か、やっぱり新島襄です。本学の学生としての誇りや自信も、新島から生まれます。その理由も今日、解明します。その際のキーワードは、新島の「志」です。同志社のすべては、この一字から始まっています。校名のど真ん中に「志」が鎮座してるじゃありませんか。皆さんは、「志ある学園」に入学されたんです。ぜひ、在学中に同志社の志、新島の志を受け継ぐ人、つまり「同志」となって、「志ある人生」を志向していただきたいと切望します。

私の場合、同志社中学校に入学して新島を知ったことが、結果的に私の一生、というか、生き方を決めました。皆さんも、同志社が人生の転機になる可能性が大いにあります。新島は転轍機《てんてつき》のように、皆さんの進路の分かれ目で、線路のポイントを切り替えてくれる働きをします。

三つのステージ

新島襄は四十六歳で亡くなりました。しかし、いまだに四十七歳と思われたり、四十八歳と書かれたりしていますから、悩ましい限りです。四十七歳と誤解される要因は、亡くなったのが四十七回目の誕生日直前でしたから。実質的には四十七年の生涯を送りました。じゃ四十八歳はと言うと、これは戦前の伝記が数え年で書かれていますから、それを信じる人が、いまだに絶えません。

四十七年近い生涯は、三分割すると、それぞれの時期の特徴がよく出ます。まずはざっくりと把握できるように整理してみます。

最初の第Ⅰ期は、一八四三年（江戸神田で出生）から一八六四年（函館から密出国）までの約二十一年。中間の第Ⅱ期が一八六五年（ボストン着、留学開始）から一八七四年（横浜へ帰国）までの約十年。そして最後の第Ⅲ期が一八七五年（大阪赴任、京都移住）から一八九〇年（大磯で死去）までの約十五年です。

ⅠからⅢのそれぞれのステージは、①生活の場、②身分、③名前の三点で大きな違いが生まれています。表にします。

Ⅰ　①江戸神田（安中《あんなか》藩邸）　②サムライ　③新島七五三太《しめた》、敬幹

Ⅱ　①海外（アジアと欧米）　②留学生、信徒　③Joe, Joseph Neesima, 新島約瑟

Ⅲ　①京都（関西）　②牧師、教育家、宣教師　③新島譲、新島襄、Joseph Hardy Neesima

Ⅱのステージ（アメリカ留学）の時に、新島は明治維新（一八六八年）を迎えます。四十七年の生涯のほぼ中間です。つまり、新島の生涯は、江戸時代（二十五年）と明治時代（二十二年）に折半されます。しかし、一八七四年までアメリカにいますから、明治社会で生きたのはわずか十五年未満です。彼の公的な活動は、この十五年間に限定されます。

「新島襄は京都人」のウソ

それじゃ、以上の骨格の説明を含めながら、まずよくある誤解をいくつか訂正して行きます。

「新島襄は京都人」という誤解。正解は、江戸っ子（より正確には上州系江戸っ子）です。父親が上州安中（群馬県）の出身の武士ですから、新島家は神田にあった安中藩上《かみ》屋敷内の長屋に住んでいました。新島はここで生まれ、二十一才まで暮らします。

今風に言えば、現住所東京、戸籍は群馬県です。

安中に住んだことはないものの、群馬県では「郷土の偉人」扱いです。「上毛《じょうもう》カルタ」では「平和の使徒《つかい》　新島襄」でよく知られています。一方、「東京人」のイメージは薄いです。

江戸っ子の新島が、なぜ京都に同志社を創ったのか、いや、創れたのか、は新島がアメリカから帰国する時に、ミッション（アメリカン・ボード）から宣教師に指名されたことが決定的です。先に日本に派遣されていた先輩宣教師の赴任先は、当時は神戸と大阪に限定されていました。新島はいわば、「派遣社員」として帰国しましたから、学校を創るとすると、神戸と大阪以外に候補地はなかったことになります。

それが、なぜ京都になったかといいますと、たまたま同地の山本覚馬《かくま》（旧会津藩士の京都府顧問）に出会い、彼から京都への誘致を持ちかけられたからです。京都とキリスト教（同志社）は最悪の関係（ミス・マッチ）だったのですが、山本がそれをラブ・マッチに換えてくれたのです。

したがって法的には、同志社の発起人は新島と山本のふたりです。けっして新島の単独プレイじゃありません。一八七五年のことでした。最初は同志社英学校という男子校でした。その後、女学校も開校されます。

「アメリカ留学十年」のウソ

二十一歳で新島は、函館から欧米を目指して密出国しました。上海までベルリン号（W・T・セイヴィリー船長）、そこからボストンまではワイルド・ローヴァー号（H・S・テイラー船長）に無賃で乗せてもらって、アメリカに到着しました。いわばヒッチハイクでしたから、憧れのアメリカに行けたのは、幸運以外の何ものでもありません。十年後、横浜に帰国するまでの海外生活（第Ⅱステージ）の始まりです。正確に言えば、海外生活は十年と四か月です。

ここで誤解がいくつか生じます。まず、航路ですが、アメリカまでは太平洋を横切ったと思われがちです。大西洋です。帰国の際が太平洋です。したがって、新島は十年かけて、世界を一周したことになります。それと、渡米にかかった日数ですが、函館出港以後、日ならずボストンに到着したと思われがちです。今の学生なら、成田か関空を出れば、翌日から留学生活が可能ですから。

そこからこういう誤解が生まれます。新島のアメリカ留学期間は十年に及んだと。正解は、八年たらずです。なぜか。ボストンに着くまでに、一年以上の船上生活を余儀なくされています。そして留学中、神学校（大学院です）を一年間休学して、例の岩倉使節団の団員となって欧米を巡回しています。帰国の際はボストンから横浜まで五週間ほどですから、行きに比べると、カウントするほどの日数じゃありません。

ちなみに、新島は第Ⅲステージでもヨーロッパ経由で渡米しております。保養が目的でしたから、一年半かけています。この場合も、往きは大西洋、帰りは太平洋を渡っています。つまり、彼は生涯で二度、世界を一周したことになります。

新島襄の英語名

新島の幼名が七五三太、青年時代の英語名がジョー（Joe）、ないしはジョゼフ（Joseph）であることは、比較的知られています。「七五三太」は、祖父の一言、「しめた！」が元になっているといいます。女の子が四人も続いた後に、やっと男児（後継ぎ！）が生まれたことに狂喜して叫んだ（と言われている）言葉です。七五三太は、十五歳で元服して、諱《いみな》（成人名）の「敬幹」（読み方は不明）を名乗ります。が、以後も七五三太を併用しています。本人も幼名が気に入っていたようです。

英語名は、上海とボストンで名づけられました。ジョーはジョゼフの愛称です。後に新島は、これらを日本語に換えようとして、「譲」や「襄」、あるいは「約瑟」といった漢字名を思いついています。ジョゼフは旧約聖書に出て来るヨセフと同じスペルで、漢訳聖書では、「約瑟」と表記されていましたので、新島はそれを援用したのでしょう。

最終的に襄にしたのは、帰国直後の横浜でした。つまり、新島襄と言う名前は、新島の人生の第Ⅲステージに限定されます。すなわち、最後の十五年間だけです。

ただ、留学中の英語名で疑問が出るのは、新島のスペル（Neesima）です。明らかに「ニイシマ」です。なぜ、「ニイジマ」（Niijima）でないのか。帰国後の署名（漢字）にも「新しま襄」というのがありますから、あんがい本人は「にいしま」を好んでいたのかもしれません。

さらに名前で重要なのは、正式の英文名です。意外に知られていません。帰国する前後から使い始めた Joseph Hardy Neesima です。とりわけ、ミドルネーム（ハーディ）に注目すべきです。

ハーディ家の一員（A・ハーディの息子）として、日本に帰ることになったことが、ここからお分かりでしょう。新島にとって、これは大変、名誉なことでした。

だって、ハーディの名前は、ボストンやキリスト教の世界では、知名度抜群ですから。生計の面でも、留学中と同じく、帰国後もハーディ家の後援が受けられることを意味します。

「父はアメリカ人？」

新島はアメリカでは、ハーディ家に受け容れられました。逃亡者（国外脱出者）なのに、まるで「養子」扱いです。新島自身は、実父母の民治、とみとは別に、ハーディ夫妻を「アメリカの父母」と呼んでいます。彼らとの巡り合いは、新島の人生にとって最大の幸運だったかもしれません。出会いは、ハーディが経営する貿易会社（ハーディ商会）の持ち船（ワイルド・ローヴァー号）に上海で乗せて貰ったことから始まります。

ハーディは資産家であるばかりか、篤信なプロテスタント信徒（教派は会衆派）で、新島が通った三つの会衆派系の学校（高校、大学、大学院）の理事や理事長をしております。さらに会衆派系のミッション（アメリカン・ボード）の理事長でしたから、新島を自分のミッションの宣教師に指名して（ということは、以後、毎月、宣教師給与を払うということです）、日本に送り返すことにしました。アメリカン・ボードの財的・人的支援抜きには、同志社の創立はありえませんでした。

同志社は、「ハーディの息子」（ジョーゼフ・ハーディ・ニイシマ）が中軸になって、山本覚馬や同僚宣教師たちのサポートを受けて創った学園です。さらにハーディの宗教的な感化として特筆すべきは、新島、ひいては同志社の教派を決定づけたことです。同志社がプロテスタント諸教派の中でも会衆派の学校になった要因は、ひとえに新島とハーディの出会いにあります。

「新島は教育者」の裏側

新島が創設に関わった同志社は、現在、規模的には日本最大級（とくにキリスト教主義学校では）の総合学園に成長しています。それだけに、新島は教育者としての定位置を確保しています。しかし、アメリカの神学校を出て、牧師となり、最後はミッションの宣教師となって、日本に戻った点を見逃してはなりません。彼の給与を最期まで負担したのは、同志社ではなくて、ボストンのミッション（厳密に言えば、理事長であるハーディと夫人）でした。

給与の出所から言えば、彼の本職は教育者（校長）ではなくて、宣教師（牧師）なんです。これに関しては、誤解というより、認識に大きな差があります。世間では、「偉大な教育者」という評価が、いまもって支配的ですから。

新島自身も、留学中は実は、キリスト教主義学校（とくに大学）の設立を目論んでいました。ところが、日本政府が欧米に派遣した岩倉使節団の要請により、大学院（神学校）在学中に団員となって協力をしたことが、彼の目を教育（とくに大学）に向けることになりました。こうして、彼は牧師であるだけでなく、教育者となって帰国いたします。

彼のモットーは、「自由教育、自治教会、両者併行、国家万歳」です。要するにキリスト教主義学校とキリスト教の教会が、車の両輪となって前進しなければ、日本の近代化はありえない、との信念です。教育五十%、伝道五十%なんです。

ですから、同志社を創って終わりじゃいけない。宣教師としては宣教（伝道）が本職ですから。だから新島は学園設立の前から、伝道を始めておりますし、自宅を教会（今の同志社教会）にもします。ここを拠点として、同志社派（組合教会と言います）の全国伝道を展開するようになります。

会衆派がベース

新島襄の「本職」が宣教師、あるいは牧師であることからも分かるように、彼とキリスト教（会衆派）は一心同体です。彼にとってのキリスト教は、カトリックでも聖公会（イギリス国教会）でもなく、あくまでもプロテスタントです。それも長老派やバプテスト派やメソジスト派、ルター派じゃなくて、ハーディ由来の会衆派です。そもそもが、彼の持ち船（ワイルド・ローヴァー号）に上海で拾われたことに起因しています。その時点で、会衆派以外の選択肢はほぼないのも同然です。

アメリカン・ボードの宣教師たち（新島を含む）によって日本に持ち込まれた会衆派は、「組合教会」という教派（教団）を形成します。同派は戦前まで存続しますが、政府により一九四一年に他教派とともに強制的に日本キリスト教団に吸収されました。現在、同志社が所属する教団は、この日本キリスト教団です。

会衆派（組合教会）の特色は、名前からも明白なように「会衆」（礼拝に集まる聴衆、つまりは教会に所属する一般信徒）が主役の教会です。長老派のように、牧師や役員（長老）が主導権をとる上位下達の組織ではありません。まして教会外に教皇や監督といった絶対的な権威を認めることもありません。だから、個々の教会は、それぞれが独立をしていて、対等です。

教派の特徴は、あくまでも「自治・自立」が基本です。したがって「自由」、「民主」、「平等」の要素が他教派に比べて目立ちます。教会と教会、牧師と信徒、教会員と教会員の関係はフラットです。つまり横社会です。あくまでも会衆が主権者ですから、それぞれの信徒は、対等であり、平等です。支配・服従といったタテの関係じゃありません。牧師、役員を含めて、全員が横並びです。

新島はこうした人間関係をとくに大事にした牧師、教育者です。教会でも学校でも、そこに所属する個々人を大切にしました。彼のモットーは、「ひとりは大切」です。新町キャンパスに入ったら、すぐに「諸君ヨ、人一人ハ大切ナリ　新島襄」と壁に大きく彫られた新島の言葉が目につきます。四字熟語で言えば、「一視同仁」です。

小ネタ集（一）　誕生から渡米まで（密出国の経路と日数）

以上、よくある誤解、あるいは不十分な理解を数点、取り上げました。次に、新情報を小ネタとして列挙します。とくに「同志社科目」のテキストとして私が書いた『新島襄と建学精神』から十一年が経ちましたから、補充、訂正を含めて、最近の動向を紹介します。

去年の五月、新島の生誕地に記念公園ができました。彼が生まれた安中藩邸跡には現在、学士会館（神田一ツ橋錦町三丁目）が立っています。玄関脇に「新島襄生誕記念碑」が設けられていますが、そこから少し離れた所に、「錦三・七五三太公園」が出来ました。「錦三」は「きんぞう」と読まれそうですが、正解は「きんさん」（錦町三丁目）です。これで、「江戸っ子」であること、名前が「七五三太」であったことが、周知されて行くといいですね。公園の誕生を記念して、東京新島研究会編『江戸・神田生まれの新島七五三太』（同志社東京校友会、二〇一六年二月）が出版されました（同書の表紙を飾った写真は、本書に口絵②として収録しました。③はその説明板です）。

七五三太は、二十一歳の時、窮屈な封建体制を嫌って、密出国（脱国）を企てます。快風丸に便乗して函館へ行き、三か月後に上海行きのアメリカ船（セイヴォリー船長）に拾われて、密出国に成功します。セイヴォリーの義侠がなければ、新島の密出国はありません。しかし、犠牲者も出ました。船長は、後に密出国を幇助《ほうじょ》したことが明るみになり、船長をクビになりました。

けれども、船長はそれを恨むことなく、以後も新島を可愛がってくれました。その証拠は、セイヴォリー家のファミリー・バイブルに新島の日本語と英語の署名（新島約瑟、ならびに英語名）が残されていることです。子孫からこれを知らされた私は、オネダリして現物を寄贈してもらいました。三年かかりました。今出川キャンパスのハリス理化学館一階に展示されてますから、見てください。

次に問題としたいのは、密出国の理由です。複数あるのですが、私は「自由」が第一位と思っています。以前、大学が二巻本で出した『マンガで読む新島襄』(同志社大学、二〇〇八年、二〇一一年)を監修した際、前編(誕生から密出国まで)のサブタイトルを「自由への旅立ち」と銘打ちました。なんとか、「自由」第一であることを拡散したかったからです。

ちなみに後篇(帰国から永眠まで)は、「日本初の私立大学設立への挑戦」です。『新島襄と建学精神』よりも読みやすいので、最近では同志社の小学校でも使われています。英語版とハングル版のマンガも作成しましたから、活用してください。

小ネタ集(二)　アメリカ留学八年

次に留学に関してですが、新島のアメリカ留学の拠点がニューイングランド(マサチュセッツ州など東北六州)であったことが、大事です。とりわけこの地方の中核都市はボストンで、アメリカにおける会衆派の拠点であると同時に、ワイルド・ローヴァー号を所有するハーディ商会(社長はハーディ)やアメリカン・ボード(理事長はハーディ)の拠点でもあるからです。

新島が通った教会や三つの学校、これらはすべてマサチュセッツ州にあり、会衆派です。まず高校(フィリップス・アカデミー)ですが、新島は渡米後、一年して洗礼を受け、正規の信徒になります。一八六六年のことで、ちょうど今年が百五十年という節目の年です。場所はキャンパスにあるピアソン・ホール内のチャペル(会衆派のアンドーヴァー神学校教会)で、屋根の上に風見鶏が乗っています。

新島はこの高校を卒業した、とよく言われますが、古典語（ギリシャ語、ラテン語）が出来ないうえに、肝心の英語さえ不十分です。それに三年制なのに一年半ちょっとしか在学していませんから、卒業なんてどだい無理です。よくて「修了」です。

同志社が「良心碑」を同校に贈ったのに対し、同校からは風見鶏のレプリカがお返しに送られてきました。現在は、京田辺の同志社国際中高の校門近くに置かれています。一方、アカデミーの良心碑は最近、移転しています。ちなみに、新島の言葉、「良心ノ全身ニ充満シタル丈夫《ますらお》ノ起リ来ラン事ヲ」が刻まれた良心碑は、日米で合せて九本になりました。

大学

ついで大学（新島の場合はカレッジ）ですが、有名なアーモスト・カレッジです。リベラル・アーツ・カレッジ部門のランキングで毎年、一位か二位を占める超名門大学です。「丘の上のカレッジ」であり、一番高い丘の上に聳えるのが、ジョンソン・チャペルです。学園のランドマークとも言うべきこのチャペルの内部には、二枚の肖像画が掛けられていました。正面に向かって右の壁に新島の肖像画、左側は、卒業生で唯ひとり大統領（第三十代）になったC・クーリッジの肖像画です。

ところが、最近（二〇一六年）、肖像画に大幅な変動がありました。新島だけがそのままで、クーリッジのところに女性初の教授（R・R・オルヴァー）が入りました。あおりを食らったクーリッジは押し出されて、正面右の壁の上方に（つまり新島の肖像画の上方です！）、新たに加わった他の四人と混在しています。要するに左右二枚だけだった正面に、二段にわたって六人が入り乱れるように飾られて、ゴチャゴチャしてきました（本書口絵⑥参照）。その結果、新島の肖像画の価値、というかポジションが、相対的にレベルダウンした印象は、避けられません。

アーモストにある肖像画と形も中身もそっくりなのが、実は同志社にあります。二〇〇二年、私はアーモストに行って新島の肖像画を借り出す交渉をして、今出川の学内でしばらく展示をする許可を得てきました。借り出している間にレプリカを作る許可も同時に取りました。

そこで、同志社は宇野和幸助教授（京都嵯峨芸術大学）に模写を依頼いたしました。作品は皆さんが卒業式で利用する栄光館に掛けてあります。広い講堂内にあるただ一枚の肖像画なので、ジョンソン・チャペルよりも圧倒的に存在感があります。

ただ、掲示の場所が正面二階の壁のために、目が届き難いのが、欠点です（本書口絵⑦参照）。そのために、ジョンソン・チャペルの新島襄肖像画のレプリカが学内に展示されていることを知る人は意外に少ない。ですが、アーモストまで行けない人は、実物と瓜二つのレプリカを近場で実見してください。絵の下の説明版の文言は、私が作文しました。

肖像画はともかく、新島はアーモスト・カレッジを理学士（Bachelor of Arts）の学位を取得して卒業します。どの大学であれ、正規の学士号をもらって大学というものを出た日本人では、彼が第一号です。これは特筆すべきことです。

大学院

ついで大学院ですが、アンドーヴァー神学校です。岩倉使節団に協力するため、一年間休学をしています。牧師になる訓練を受けて、卒業後、晴れて牧師になります。そのための儀式を「按手礼」といいますが、新島の場合、ボストンのマウント・ヴァノン教会が会場でした。

これまで、私たちはその住所を間違って認識していて、私も三回のボストン新島足跡ツアで、ニセの場所（実は二度目の移転先でした）へガイドするというミスを犯してきました。次回、行く機会があれば、もともとあった場所（Ashburton Place, Beacon Hill, Boston）をぜひ訪ねたいですね。これはつい最近になって判明した新事実です（拙稿「誤伝されてきたマウント・ヴァノン教会」九八～九九頁、拙著『志を継ぐ――新島襄を語る（十）――』、思文閣出版、二〇一四年）。

新事実と言えば、衝撃的な情報がつい最近、入ってきました。新島が学んだ神学校が、またまた引っ越します。新島の死後、彼の母校は同じ教派のハーバード大学に移転しましたが、これは遠からず同大神学校と統合するためでした。しかし、結局、一緒になれず、ボストン郊外にある他教派のニュートン神学校（教派は、バプテスト派）と統合するためにニュートンに転地しました。合併後は、アンドーヴァー・ニュートン神学校という校名になりました。

ところが、近年、財政難から他校との合併を画策し、二〇一六年度中にも今のキャンパスや校舎を売り払って、ニューヘブンのイェール大学（教派は会衆派です）の敷地に移ることになりました。三度目の引っ越しです。数奇な運命を辿ることになりますね。これを機会に新島の資料（手紙など）を同志社に寄贈してもらえないか、交渉中です。新島は留学中、イェール大学のN・ポーター学長から大変可愛がられましたので、イェールとしては今度の合併をむしろ喜ぶかもしれませんね。

小ネタ集（三）帰国から同志社開校まで

新島襄の代名詞は、「同志社の創立者」です。間違いではないのですが、不正確です。一八七五年に開校させたのは、同志社英学校という男子校です。場所は現在の「新島旧邸」（寺町通り丸太町上《あが》ル）です。薩摩藩邸跡（現今出川キャンパス）ではありません。ここに引っ越してきたのは、寺町に開校した翌年です。

英学校は、けっして新島ひとりで実現させたものじゃありません。大勢の人の手を借りて、初めてできた事業なんです。あえて三人に絞ると、新島、山本覚馬、それにJ・D・デイヴィスでしょう。まず、山本覚馬ですが、大河ドラマ「八重の桜」（二〇一三年）で西島秀俊さんが演じてから、知名度はぐっとアップしました。「八重の兄」として、世に知れ渡りましたよね。ですが、同志社にとっては、新島のサポーターとしての側面が一番大事です。山本がいなければ、同志社は京都に出来なかったと思われるぐらい、彼の貢献度は抜群です。

あのドラマ以来、京都の各地に彼の記念碑が立てられました。京都御苑に隣接する清浄華院《しょうじょうけいいん》や京都市役所前のものが、代表です。前者の近くには、山本の発意で生まれた女紅場《にょこうば》（八重も兄の勧めでここの教員を務めました）の後身、鴨沂《おうき》高校があります。さらに、境内にマンション（名前は、「イーグルコート京都御所梨木の杜《もり》」。いわゆる、億ションです）を建設、販売したとして今、話題の梨木《なしのき》神社（創建は同志社設立十年後の一八八五年です）もあります。マンション名から窺えるように、御苑の一部と間違われるくらい御苑に隣接する一等地なので、周辺の景観を壊すと批判されました。

秋には境内一面に花（萩）が咲き乱れ、「萩まつり」が大々的に行なわれるだけに「萩の宮」の名前やイメージが損なわれる、という理由からも反対運動が起きました。

この神社から寺町通りを少し下がる（南行する）と「新島旧邸」です。同志社発祥の地であり、新島の自宅がある所です。今でも梨木神社のマンション建設が批判を受ける土地柄ですから、十九世のあの時期、京都御所に近接するあの場所に、よくぞ耶蘇《ヤソ》の学校やら、「あやしげな」牧師の屋敷、教会堂が建ったものだと思われます。古都の住民にとっては、まるで「異文化世界」ですから。背後に山本の支援があったことが、考えられます。

結婚にしたって、そうでしょう。兄の指図とまでは言えなくとも、八重の結婚は兄の配慮が大きかったと思われます。新島の死後、八重は茶道《ちゃどう》（裏千家）に没頭し、免状を何枚も貰います。指導者となってからは、女性の弟子を増やしました。それまで男子の世界であった茶道を広く女性に広めた点で、彼女は先駆者のひとりです。

最新情報としては、先週（五月七日）、「宗竹庵」の茶室披《びら》きがありました。今春、新築されたばかりの同志社女子中高希望館に組み込まれた茶室です。裏千家家元の千宗室氏が揮毫、寄贈された扁額が室内に掛けられました。

さらに覚馬に関わることに、桜の記念樹があります。彼や八重が仕えた会津藩主（松平容保《かたもり》）ゆかりの桜が二本、京都府庁（旧館）中庭から今出川キャンパス（サンクタス・コート）へ株分けの形で移植されました。「容保桜」と名づけられています。まだ三年目なんですが、すでに樹高は四メートルほどになっています。

桜と言えば、大河ドラマ「八重の桜」以後、同志社にも桜が増えましたね。「容保桜」のほかにも、校外の新島旧邸（新島会館）の庭にも何本か、そして神学館の周辺には「はるか桜」（綾瀬はるかサンが命名した桜の新種で、福島県から贈呈されたもの）が植わってますから、あとで探してください。

三人目のデイヴィスは、アメリカン・ボードから神戸に派遣されていた宣教師です。だから、新島の同僚（宣教師仲間）です。新島の京都移転に伴って、いち早く神戸から転出し、新島の右腕になります。新島が帰国する前から、神戸で小さな塾を開いており、英語塾からバイブル・クラスに発展する勢いでした。新島が京都で同志社を開くのに共鳴して、デイヴィスは自分の塾をたたんで、数名の塾生を連れて、京都に転出します。

ようやく開校した同志社英学校は、教師が二名（新島とデイヴィス）、学生はたった八名でした。そのうちの数名はデイヴィスの教え子でしたから、まるで神戸のデイヴィス塾が御所東へ移転した感がありあます。彼以後も、ボストンから次々と宣教師（外国人教員）が京都に送られて来ますから、デイヴィスはアメリカン・ボードとの窓口を開いてくれたことになります。

こうして、宣教師（新島を含めて）の人件費を始め、校地購入や校舎建設のための資金がボストンから次々と送金されてこなければ、同志社の命脈は途絶えていたかもしれないですね。それくらい、ミッションからのサポートは絶大でした。資金の出所から見れば、初期の同志社はミッション・スクールと呼ばざるをえません。にもかかわらず、同志社では古来、「うちはミッション・スクールじゃない」という自負が根強いのです。

この場合のミッション・スクールは、「伝道のための学校」という意味で使われているようで、さらに主役は日本人（新島）であって、ミッション（外国人）は脇役（補助者）に留まる、と理解されています。

しかし、この定義は誤解を生みやすいですね。初期の十年ほどは、同志社は実質的にはミッションが経営する学校でした。あくまでもミッションが主役です。京都の特殊性からも、たまたま新島が日本人でしたから校長になれたのですが、彼はボストンのミッションから見れば、自分たちの仲間（宣教師）であるばかりか、理事長の息子（Joseph Hardy Neesima）なんです。

学園の創立が、けっして新島の単独事業でないことは、チャペル（同志社公会堂）に入ると、明白です。正面の壁に新島、山本、デイヴィスという創立者三人の肖像画が並んで掛けられています。チャペルのその他の三方の壁には、初代校長（社長、もしくは総長）の後任者である七名の肖像画が、掛けられています。

七名中、二名を除いた五名は、第二代校長の小崎弘道を始め、いわゆる「熊本バンド」です。「さすが同志社、その頃からバンドがあったんやて」と感心する男子学生がいます。飛んでもない勘違いです。ミュージック・バンドじゃなくて、ミッショナリー・バンドです。

「熊本バンド」の面々は、熊本藩が設立した熊本洋学校の学生で、洋学校の廃校に伴って、キリスト教に傾斜した学生の一部、三十数名が、揃って同志社に転校、もしくは入学しました。在学中だけでなく、卒業後の彼らの働きは、とにかくスゴイです。新島校長の後継者として、数人が同志社の経営や教育に従事するばかりか、組合教会の指導者としても、新島牧師以上の働きを残します。

たとえば、大学設立の面での功績は、絶大です。普通、マスコミでも新島は「同志社大学の創立者」と報道されます。厳密に言えば、大学前身校の創立者です。現実に同志社大学が実現するのは、新島死後二十二年後のことなんですから。

しかし、特筆すべきことは、新島の夢は自身では実現できなかったけれども、彼の試みは先駆的だったことです。普通、日本で最初の私立大学は慶応義塾大学ということになっております。けれども、取り組みでは新島の方が福沢諭吉よりも先行しています。聖書の句で言えば、「あとのものが先になり、先のものがあとになる」のです（「マタイによる福音書」二〇章一六節）。前にも紹介した『マンガで読む新島襄』の後篇に「日本初の私立大学設立への挑戦」というサブタイトルを私がつけたのも、新島の志の先駆性を強調したかったからです。

一九一二年、同志社は専門学校令により、大学と名乗ることを認められました。神学部と政治経済部という二学部（プラス英文科）だけの大学でした。前者は徳富蘇峰《そほう》、後者は原田助《たすく》（第七代同志社社長、後に総長）が募金委員長でした。いずれも「熊本バンド」です。

一九二〇年には、大学令によって大学になりました。この時の同志社総長は海老名弾正《だんじょう》で、やはり「熊本バンド」でした。彼らは、恩師の新島がやり残した遺業を実現させてくれた教え子たちです。この学生集団（バンド）抜きに同志社の発展は、考えられません。それだけに、彼らを同志社に送り込んでくれた熊本洋学校の教員、L・L・ジェーンズの存在は、大きかったです。つい最近の熊本地震（二〇一六年四月）で、ジェーンズ邸（熊本最古の洋風住宅）が全壊したことは、同志社にも大きなショックでしたので、同志社はあちこちで再建への支援活動をすぐに始めたくらいです。

小ネタ集（四）　八重と同志社墓地

新情報としては、新島八重のことも外せないですね。大河ドラマ「八重の桜」で、突然、全国区になりました。綾瀬はるかサンの好演で、襄以上に知名度が上がったかもしれませんね。関係本も百冊以上は出たと思います。私も数冊出しました。八重を正面から捉えるだけでなく、八重の立場から襄を見る、という点でも、とても有益で、新鮮でした。それにしても、テレビ効果はスゴイですね。新島夫妻が住んだ「新島旧邸」（ここから徒歩二十分くらい）には見学者が押しかけ、係員を三名から十名に増やしたり、入場制限（一日五百人）をかけざるをえないという盛況ぶりでした。

「新島旧邸」での生活振りについては、いま、同志社校友会（卒業生）が紹介ビデオを作成中で、私もシナリオ作りに携わっています（本書二〇九頁以下を参照）。エピソード満載のストーリーにします。今秋の同志社校友会ニューヨーク大会（九月十七日）までには、完成する予定です。出来上がれば、京都でも「新島旧邸」と同じ敷地内にある「新島会館」の展示室で見ることができます。

新島はここに十年近く住みますが、出張や地方伝道が多かったので、留守勝《るすが》ちでした。亡くなったのも自宅ではなく、関東でした（八重は自宅で永眠しました）。ドクターストップを押し切って関東に募金のために出張し、懸念されたように旅先（群馬県前橋）で倒れます。これが、公的活動の最後になりました。上州系江戸っ子としては、群馬県で活動にピリオドを打てたのは、不幸中の幸いだったのかもしれません。ただし、終焉の地は湘南です。寒い上州を避けて、暖かい大磯（神奈川県）に転じて、しばらく療養します。が、結局、同地の百足屋《むかでや》旅館で亡くなります。

旅館の跡地には永眠記念碑が建てられ、毎年の命日（一月二十三日）には、同志社がその前でセレモニーを行ないます。実際に新島が滞在したのは、旅館（本館）とは別棟の離れ（愛松園）でしたから、厳密に言えば、碑の場所は正確じゃないことが、最近、分かってきました。

死因は急性腹膜炎、要するに盲腸です。亡骸《なきがら》は東海道線で京都まで運ばれ、同志社キャンパスで葬式をしました。京都駅から自宅（寺町通り丸太町上ル）まで、全校の学生たちが交代で棺を担ぎました。葬儀の後もそうです。彼らが班に分かれて交代で、若王子山の山頂まで運びます。土葬ですから、墓穴を掘るのも学生です。学生好きな新島にとっては、どんな偉い来賓から弔意や弔文を受けるよりも、うれしい送られ方になりました。生前から、「我死スルナラバ、我同志社諸君ヨリ埋葬シテ貰ヒタキ心アリキ」と願っていた通りになりました（『新島襄全集』一巻、一〇八頁、以下①一〇八）。

再来週、皆さんは山に登り、同志社墓地に墓参に行きますね。入った正面に新島襄・八重夫妻、デイヴィスの墓が並んでいます。新島の墓碑銘を書いたのは、あの勝海舟ですが、なぜか「島」の字が違っています。確認してください。

若王子墓参と言えば、以前は、襄の墓参が主目的でしたが、大河ドラマ以来、八重のお墓目当ての人が急増しました。そのため、京都市も山頂への標識を増やしたり、山道を整備したり、と大変でした。墓参した綾瀬はるかサンから言われたからではないですが、同志社も八重の墓の周辺に石柱で柵《さく》を作りました。これで、襄と同じ作りになりました。同志社墓地のお墓は、四十基近くあるのですが、柵があるのは、これで二基になりました。

注目して欲しいのは、入口脇の松本五平の墓です。松本というのは、同志社の初代用務員（当時は「小使い」）です。学生たちが口々に「五平！」と呼び棄てるのに対し、新島は校長でありながら、常に「五平さん。〇〇してください」と呼び掛けていました。

感激した五平さんは、死んでからも新島先生の墓守をしたいと八重に熱望して、新島の墓の前に埋めてもらったというわけです。人を差別しない新島の「一視同仁」の姿勢を示す好例です。小さな墓ですが、忘れずにチェックしてください。

若王子山は、昔は見晴らしが今よりきいて、市内の眺望が楽しめました。その頃に多かった反応は、「新島先生、ええとこ、選ばはりましたね」でした。たしかに世の喧噪や俗塵を逃れた、静寂そのもののスポットです。その一方で、逆の反応もあります。数年前、地方から墓参りにきた熱烈な裏ファンの女子大生が、あまりの僻地にびっくりして、泣かんばかりにこうぼやきました。「なんでこんな不便な所に埋葬されたんですか。新島先生、可哀そう。京都の人は冷たい」。

前者は誤解で、後者がむしろ正解です。ロケーションが良いからここを選んだのではなく、ここしかなかったんです。僧侶や市民から差別された結果、市内に埋葬することが許されなかったのです。実は葬式の前日まで、南禅寺の塔頭《たっちゅう》、天授庵に埋葬されるはずでした。が、お寺のドタキャンで、山の上の不便な市営墓地に変更せざるを得なかったのです。新島やキリスト教が置かれた位置や状況をよく物語るエピソードですね。開校時ほどではありませんが、それから十五年を経た新島が亡くなった時点でも、京都とキリスト教（同志社）は、ミスマッチという関係が残っている証拠です。現在は、それぞれのブランドを相互に活用する時代になりました。

さぁ～て、これで皆さまもそこそこの「新島通」です。晴れて同志社デビューを果して、周囲に新島の新常識を拡散してください。それだけじゃなく、できれば自身でも、同志社や新島の「志」をしっかりと理解、体得したうえで、新しい視野や進路を選び取ってもらえば、私も大変うれしいです。

「新島通」になることは、成熟した「同志社人」への第一歩なんです。

（「神学入門」講義、同志社大学弘風館、二〇一六年五月一二日）

越後伝道にかける夢

――新島襄の遺訓――

宗教者・新島襄

新潟教会からお招きを受けて、感謝です。社会人駆け出しの頃、十八年間、教会員としてお世話になりましたから、今日は、新島襄の「語り部」として、彼のメッセージを皆さまに取り次ぐために京都から参りました。

新島襄という人は、世間はもちろん、キリスト教の世界でも案外、知られていません。たとえば、モットーです。早稲田の大隈重信は、「在野精神」です。慶応義塾の福澤諭吉は、「独立自尊」で決まり。じゃ、新島の場合はどうか。四字熟語はなかなか、見あたらないんです。あるとすると、「自由教育、自治教会、両者併行《へいこう》、国家万歳」でしょうか。

彼によれば、教育と教会は、車の両輪です。この両方が揃って前に進む。同じ速度で、方向も同じというのが、ポイントです。車輪の大きさは、もちろん教育も教会も同じです。両者が併行して、初めて車はまっすぐ前に進みます。その結果が、国家万歳です。遅れた日本も、漸く欧米並みの近代国家になるという見通し、これが新島の確信です。

今日は学校じゃなくて教会ですから、「自由教育」よりも「自治教会」の方に力点を置きます。

新島は、自治教会を時に「自由教会」とも言い換えています。両者に共通するキーワードは、「自治・自立」です。要するに自由主義的な自治教会を各地に設立して、日本全国に拡散したいというのが、彼の一生の願いです。それが、理想の国を創るベースになると確信していました。

だから、同志社を建てて終りじゃないんですね。自由教会、自治教会を新潟はもちろん、全国各地に普及させたい、こういう願いを持って働いた宗教者、牧師なんです。

ところが、高校日本史の教科書が拙《まず》いんですが、同志社大学を創った教育家、でたいてい終わりです。間違いじゃないですが、それは新島の反面に過ぎない。残りの半面は牧師。もっと言いますと、宣教師なんですね。牧師と教員という身分が、フィフティー・フィフティーなんです。で、今日は新島校長と言うよりも、新島牧師の話しを中心にお話しします。

密出国

まずは少年時代です。新島は生まれから言うと、江戸っ子です。神田の一ツ橋にあった上州安中《あんなか》藩邸、今は学士会館が建っておりますが、あそこで生まれました。

じゃ、江戸っ子が、なぜ京都に学校や教会を創ったのか、です。同志社大学の学生さんの中には、新島襄という人は　西陣の機織《はたお》りのぼんぼんで、家がお金持ちだったから近くに学校創らはった、とレポートに書く学生がいます。びっくりです。京都なんか何の縁故もないし、来たこともない。もっと言えば、出来る筈は絶対ない、と思っていた土地に同志社を創っています。

当時の京都は、同志社にとって最悪の場所です。教会、牧師、信徒、宣教師、親戚、知人、いずれをとっても、完全なゼロ地帯と言うか、空白ゾーンです。そんな所にキリスト教の学校を創るなんて、出来ると思うほうが異常です。考えられません。

京都とキリスト教学校は、完全なミスマッチです。だって、新島にとって未知の街だけじゃなくて、抵抗勢力が日本で一番強い所ですよ。そんなところへわざわざ、というか、無理してヤソ教の学校やら教会、創らなくてもいいんですよ。でも、出来てしまった。後でもちょっと触れますが、とにかくミスマッチが、奇跡的にラブマッチになったのです。

少年時代に戻します。新島は京都のことなんか全く知らずに、江戸っ子として、二十一歳まで神田で生活いたします。ところが、二十一歳になって突然、家を出、藩を出、最後は国を出る決意を固めます。国を出ることは、もちろん犯罪です。鎖国の時代ですから、密出国です。もしも見つかったら、家族や親戚も危なかったでしょうね。問題は、なんで法律を破ってまで、脱国したかったのか。

自由を求めて

密出国の要因は何か。実はこれは、大問題です。キリスト教にあこがれたから、とか、聖書を勉強したかったから、とか新島の伝記にはよく出ています。これはちょっと出来すぎの模範回答です。間違いじゃありませんが、最大理由ではありません。じゃ、ひとつ選ぶとしたら何か。いくつかあったうち、私は自由説を採ります。とにかく自由になりたい、自由な世界に飛び出したい、という止《や》むに止まれぬ願い、です。

それだけ、江戸における二十一年間の生活が、彼にとっては不自由だった、ということです。封建社会ですから、当時は当たり前のことなんですが、青年新島には耐えられなかった。上州安中藩の江戸上屋敷で生まれ、二十一年もの間、精神的にはそこに閉じ込められたような生活でした。父親は、下級武士で祐筆《ゆうひつ》、今でいう書記ですね。封建社会ですから、息子には職業選択の自由なんか、ありません。新島は長男ですから、いずれ親父の跡取りをしなきゃいけない。でもやりたくない。もっと広い世界で自由に生きたいっていう気持ちが強かった。

それでも、彼が最初に仕えたお殿様は、良かったんです。学者大名と呼ばれるくらい、自身、学問が好きで、大事な本を出版することにも、意欲的でした。だから勉強熱心な新島のような青年を可愛がってくれました。

ところが、このお殿様が亡くなって、藩主の弟が後を継ぐ。これがダメ殿。こんな殿に自分の一生を捧げるのは、たまらない、くだらない、いや、悔しい。それで飛び出そうと決意します。

ということで家出作戦（今風に言えば、全行程がすべてヒッチハイクです）を立てて、まず函館に行きます。同地では、幸い彼をタダで国外へ連れ出しても良いという義侠的なアメリカ人船長に、友人の紹介で出会う。その船は上海まで行ってから、長崎に折り返す貿易船でした。新島としては、ひとまず、上海まで行く、同地で下船して、船長に欧米に行く船を捜してもらう、というヒッチハイク作戦です。金もない、ツテもない、そのうえ、成算もない、ナイナイづくしの無謀な冒険でした。ですから、すべてが船長任せです。

上海からボストンへ

あれこれあったあげく、アメリカに帰る貿易船の船長が、またまた狭義心から新島を拾ってくれました。これで、ようやくボストン、つまりニューイングランドに無賃乗船で行けることになりました。ボストン周辺は、アメリカの中でも、「会衆派」と呼ばれるプロテスタント独自の一派が、一番支配的な場所でした。もしも新島が、カリフォルニアとかフロリダに連れて行かれたとしたら、同志社は出来ていない。いや、出来たとしても、随分毛色の変わった学校になっていたはずです。

ややオーバーに言いますと、新島の後半生、さらには、同志社の背骨というか、基本は上海で決まったのも同然です。どうしてか、と言いますと、新島はあくまでも留学希望なんです。だから、働きながら学ぶ道は、最初から選択しません。上陸してすぐに学校に行きたい、でもお金はない。つまりスポンサーがいるんです。ところが、突然、流れ着いたアジアの放浪青年のスポンサーになってくれる人なんか、おりませんよ。おりしも、南北戦争が終わった直後の不景気な時機でした。おまけに、アジアからの逃亡者（犯罪者）ですから、誰が拾いますか。

結局、半年以上キャビンボーイとして船中で仕えた船長の推薦、説得もあって、ボストンに住む、船長の上司、そう、オーナー（社長）が、拾ってくれました。ボストンまで一年かけて来たものの、入港から入国（上陸）まで、さらに四か月もかかっています。その間、新島は港に係留された船の中で、悶々とします。気が狂うんじゃないかと思ったそうです。

ニューイングランド

こうして新島はボストンで、やっとパトロン、つまり「アメリカの父」をゲットすることに成功いたします。巡り合えたスポンサーは、A・ハーディと言います。この人が 新島と同志社の最大の恩人になります。新島は、「養子」のような形でハーディ家に受け容れられます。

その結果、思い掛けなくも長期間にわたってニューイングランドという自由な風土で、自由を満喫できました。その間、新島は、かつての不自由だった安中藩での封建的な生活、がんじがらめの窮屈な生活を、何度も感慨深く思い返したはずです。

現実に彼は、江戸での青年時代を振り返って、まるで「カゴの鳥」、「袋のネズミ」同然だったと回顧しております。そうした生活と訣別できたのは、いつのことか、と言いますと、函館で真夜中に彼が忍び込んだ船が、上海へ向かう途上、神奈川沖を通過した際のことです。もう追手がこない、これでようやく脱出に成功したと確信できました。その時の気分は、永年、カゴの中に閉じ込められていた鳥が、大空にさぁーっと舞い上がるような爽快な気分であった、と言っております。

この爽快感は、ボストンに上陸して、さらに倍加された感がします。当時のアメリカは、今と違って、もっと自由でした。中でもボストン中心のニューイングランドは、一番自由でした。ボストンが現在、京都と姉妹都市であることからもお分かりのように、アメリカの歴史（民主主義や自由の歴史）

は、ボストンから始まります。フィラデルフィアも入れるべきでしょうけど、とにかく自由な気分が横溢するボストンの住人になれたんですから、これはもう最高の所に来れたと言うべきです。

会衆派ワールド

新島はそうした風土で、ハーディ家の一員として八年間を過ごします。ハーディという人は、ボストン有数のセレブ（船会社の社長）であると同時に、会衆派の篤実なピューリタンでした。さらに、名門教会の役員（会計）であり、三つの学校の理事長、あるいは理事でもありました。

新島は、それぞれ超名門の高校（フィリップス・アカデミー）、大学（アーモスト・カレッジ）、大学院（アンドーヴァー神学校）で学びますが、いずれもハーディが役員をしていた学校です。さらに大事なことは　いずれの学校も会衆派系だということです。

加えて、高校時代にアンドーヴァー（ボストン北方）でホームステイさせてくれた家族（ヒデュン家）も、会衆派の信徒です。洗礼を受けたのも、学園教会（アンドーヴァー神学校教会）ですから、会衆派です。受洗は、アメリカに上陸してから、約一年後のことです。これが、牧師へとつながる第一歩になります。

現実に牧師を目指すようになるのは、大学時代ですが、まさか、神学校（大学院）まで行かせてもらえるとは、当時は考えられませんでした。けれども、ハーディ自身が青年時代、病弱のため、牧師になることを諦めて、やむなく実業界に転じた、という過去を背負っていましたから、新島の希望を喜んで叶えてくれました。

ハーディ家には、四人の息子がいました。両親は、少なくとも一人は牧師に、と願ったのですが、叶いませんでした。結果的に、「養子」のような新島だけが、彼らの夢を叶えてくれました。うれしかったでしょうね。新島は、「アメリカの父」がかつて目指した人生を、代わりに歩むことを運命づけられたようなものです。

要するに、新島の留学生活は、学校、教会、家庭（ハーディ家やヒデュン家）を含めて、会衆派尽くめの生活でした。そして、十年振りに横浜に帰って来る時には、ミッション（アメリカン・ボード）から宣教師に指名されます。このミッションの理事長が、なんとハーディでした。だから、幸運にも外国人として初めて宣教師（月給が出ます！）に取り立てられて、日本に戻ります。

アメリカン・ボードというミッションは、ニューイングランドの会衆派の牧師や信徒たちが、宣教師を海外に派遣するために、アメリカで初めて立ち上げた由緒あるミッションでした。新島は、会衆派の牧師、宣教師として、日本へ帰されることになります。

こうして見ると、上海以降の新島の宗教的な進路に関しては、会衆派以外の選択肢はゼロです。同志社（学園と教会）の教派は、ここで決まったのも同然です。上海でハーディ商会の持ち船にたまたま拾われた幸運は、とてつもなく巨大です。なぜか。

ありがたいことに、ハーディが信奉していた会衆派は、いろんなプロテスタントの教派の中で、最も自由度が高い教派なのです。したがって新島は、ハーディの庇護のもと、日本人としては珍しく、あの時代、自由な空気を吸い、自由な社会で自由を学び、いちはやく「自由人」になることができました。木村毅《き》という早稲田の教授が、（福沢諭吉ではなく）「新島こそ日本人初の自由独立人」と称賛されています。日本人リベラリスト第一号、というわけです。

たしかに、自由と新島は切っても切れません。新島は「自由命《いのち》」になりますから。自分でも、「自由な日本市民（citizen）」を早くから自称しています。十九世紀のあの段階で、自分は歴とした“citizen”だと断言した日本人が他にいるでしょうか。彼の言葉を借りると、「自由こそわが生けるモットー」を終生、大事に守り通しました。

自由人第一号

越後与板出身の（新潟教会の皆さまならご存知の）柏木義円《ぎえん》という牧師が、恩師の新島のことをこう畏敬しています。「新島先生こそは、実に日本における真正なる自由主義のチャンピオンであった」と。自由というものを少し膨らませると、民主とか平等っていう風にも言い換えることができます。ならば、リベラリスト第一号は、民主主義者第一号でもあります。新島の場合、これを裏付ける資料は、いくつもあります。

たとえば、「私はデモクラシーの愛好者（lover）」という言葉。デモクラシー大好き人間になったのも、約八年間に及んだニューイングランド体験のおかげです。二十一歳まで江戸で不自由な生活を送った青年が、二十代でアメリカにおいて別人に変身いたしました。「サムライ」として函館を出た新島は、「自由主義のチャンピオン」、自由人第一号となって十年後に、横浜に帰って参ります。

この変身が重要です。だから、それを生み出した宗教的背景について、もう少し、突っ込んでみます。自由人・新島を生んだニューイングランドの会衆主義（会衆派）っていうのは、どういう教派か。結論的に申しますと、会衆主義の主たる特徴は、「自由・自治」です。とりわけ、「教会運営」がそうです。あくまでも自由主義に基づく教会運営を原則とします。

会衆派の教義の中には、いろいろな要素が含まれますが、最大の特徴は教会運営、すなわち「教会政治」（polity）です。それぞれの教会（各個教会と言います）には、自分のことを自分で決める権利、すなわち教会員が主権者として教会を治める権利がある。これを「自治権」といいます。自治権の有無で、会衆派主義の教会であるかないかが、分かります。いわば、試金石です。

要点はこうです。会衆派教会では、教会の中で自治権が認められている。すなわち、各個教会は、それぞれ独立していて、他からの干渉を受けない。同時に、他の教会に内政干渉をしない。これがこの派の大原則です。相互に独立を尊重し合うのです。

新島は帰国後、こうした会衆主義に基づく学校と教会創りに挺身します。日本では、会衆主義（会衆派）は、「組合教会」と呼ばれるようになります。新島が同志社神学校を立ち上げてから、卒業生が伝道師や牧師として各地で活躍する。その結果、組合教会系の教会が、あちこちに誕生します。新潟市のこの教会も、そのひとつです。戦前までは、日本組合新潟教会、もしくは新潟組合教会と呼ばれました。戦後は、日本キリスト教団新潟教会です。お隣りの東中通《ひがしなかどおり》教会は、以前は長老派新潟教会でしたが、教団が組織されると、東中通教会と改称しました。

組合教会時代の新潟教会は、自治権が確立していましたので、主権も教会（教会員）にありました。新潟教会自体が、いわば「本山」です。「教皇」や「監督」、「議長」のような存在は、不在です。外部のどんな偉い人でも、新潟教会の自治権は冒せません。決めるのは内部にいる会衆ですから。逆に他の教会の運営を干渉することもいけません。よそから干渉されず、自身もまた他者に干渉しない。お互いは、あくまでも対等、独立、平等なんです。相互の教会の立場が、フラット（横並び）というのが、組合教会の鉄則です。

こうしたポリシーの基礎を築いたのが、新島です。アメリカからの直輸入です。ボストンの会衆派を日本に移植する。その橋渡しをしようとしたのが、新島です。彼以上に熱心に、そういうことをしようとした人は、当時の日本には見当たりません。

教会合同運動

新島のそうした独自の教派観が、激しく問われた事件が彼の晩年に起きます。教会（むしろ教派）合同運動です。一八八〇年代後半のことです。これを詳しく点検すると、新潟教会の立場を含めて、組合教会の背骨や主義が、よく理解できます。

では、教会合同というのはどういう運動かというと、メソジスト派と並ぶ、長老派・改革派（教会としては一致教会）と会衆派（教会としては組合教会）という当時の主要なプロテスタント教派（二教派）が、合同を計ろうとした運動です。

地域的にみると、一致教会に所属する教会は、京浜を中心に関東に多い。それに対して、組合教会は京阪神を中心に、主として関西（以西）に広がっています。京都に位置する同志社神学校が、その拠点であることは、言うまでもありません。

どうして江戸っ子の新島が、それまで何の縁故もない関西、とりわけ京都に学校を創ったのか、というと、「派遣社員」だからです。新島が個人の資格で帰国していたら、土地勘があり、しかも縁故に恵まれた関東（特に東京あたり）に学校を立地させたはずです。ですが、彼はミッションの一員として日本に送り返されました。赴任地を決めるのは、ミッションです。

当時、アメリカン・ボードの日本における拠点（いわば支店で、ステーションと言います）は、関東にはゼロです。関西に二か所だけ、神戸支店と大阪支店しかないんです。そこで、新島は神戸支店に配属されます。だから帰国寸前には、神戸に学校を開校したい、と思っていました。ですが、横浜に着いたら、先輩宣教師が、お前の任地は大阪やと、変えられたので、急遽《きゅうきょ》、大阪で教会を助けながら学校作りを始めます。

ですが、最終的に失敗に終わりました。気分転換と保養を兼ねて、「お上《のぼ》りさん」よろしく、たまたま京都へ名所旧跡見物に行ったら、山本覚馬という会津人に遭遇。思いがけなくも彼から、「では学校は、ここにお創りになったら」と勧められて、一気に実現に向かって突き進む、というわけです。

冒頭で申しました完全なミスマッチが、意外や意外、ラブマッチににわかに豹変したのです。

瓢箪《ひょうたん》から駒《こま》です。京都に創ろうなんてことは、一瞬でも考えてはいけません。だから新島も、夢想さえしていなかったのです。

ということで、覚馬の協力で、同志社は関西の会衆派系学校として、誕生してしまいます。だから、同志社系の教会は、必然的に関西、あるいは西日本が中心です（例外は、上州と越後です。その理由については、今日は触れません）。

もしも新島が　ミッショナリーとして帰って来なければ、同志社は横浜か東京（例えば築地あたり）に出来た可能性が高かった、と思います。最悪の町・京都に出来るはず、ありません。やっぱりすでに教会があり、牧師や宣教師、信徒がおり、伝道が自由に出来る横浜やら築地、このあたりに創るのが、普通です。京都（関西）に出来た結果、組合教会は、信徒数ではなかなか東京・横浜の教派（長老派、改革派）には勝てません。今も差をつけられていますよね（その点、群馬と新潟は、大健闘です）。

新島晩年の数字（信徒数）を挙げれば、組合教会はプロテスタント中、よくて三位でしょう。一位は、もちろん長老派（改革派）です。当時は明治学院系、今なら東京神学大学系ですね。今も昔もトップです。二番手となると、おそらく新島の頃からメソジスト（青山学院系）でしょうね。そして、その後にようやく三番手として、組合教会が来ます。

以上のトップスリーのうち、指導者の交流が盛んだったからでしょうか、一位と三位が連合しようという話しが、にわかに浮上します。合同すれば、上位にいる他教派も入って来るのではないか、という楽観的な期待感が、あったかも知れません。とりあえず、合併出来る所から、と言う訳で、がぜん教会合同運動が、一八八〇年代の中頃から動き始めます。

なぜ新島は合同に反対したのか

こうして始まった合同運動に対して、新島は慎重です。やるなら、時間をかけてじっくりと協議するべきだ、という意見です。が、最終的には批判派、あるいは反対派になります。その時の理由が大事です。同じ神を拝み、同じ聖書、賛美歌を使いながら、どうして合同できないのか。一つになるべきなのに、とクリスチャンなら誰でも思いますよね。

新島の反対もあって、結局、合同運動は潰れます。それだけに、賛成派からは新島に対する批判が凄かったです。推進派の人からは、反対した新島はもちろん、一部の教え子（牧師や信徒）が新島に同調したから、破局したんや、と痛罵されます。それも、交渉相手（長老派）のリーダーたち、たとえば植村正久や井深梶之助といった有力牧師が文句を言うのは、当然です。

ですが、新島として辛いのは、同じ陣営の仲間たち、すなわち組合教会の指導者たちから、あれこれ責められることです。新島の教え子や同志社神学校を出た牧師たちの大半から、新島は攻撃されました。「新島先生ともあろう方が、何で反対しやはったんや。けしからん」と。

そこで、今日は私が新島になり代わって、弁解というか、釈明いたします。結論的に言えば、新島の反対理由の中核にあるのは、「教会政治」です。教会の運営方法が、長老派と会衆派では、まるで違います。この差は、無視できません。

違いを簡単に言ってしまえば、長老派教会では、少数の「長老」中心に教会が運営されます。具体的には、その教会の牧師と代表役員（長老）、したがってごく少数の者が、もっぱら教会政治を仕切ります。人数から見る限り、寡頭政治（一種のボス支配）です。

一方の会衆派は、「会衆」（つまりは、一般信徒です）が、主役というか、主権者です。譬えが乱暴かも知れませんが、一人一人の平《ひら》信徒が、ローマ教皇みたいな存在です。大事なことを牧師や長老に任せきりにしないで、会衆全体で決めます。このようにごく少数の者が決める教会と、みんなで決める教会じゃぁ、全然やり方が違いますよね。

で、どっちが民主的かって言えば、これはもう分かり切ったことです。前者の少数支配は、寡頭政治ですから、民主政治とはおよそ正反対の運営方法です。新島が若い頃に苦労した安中藩での生活は、教会的に言うと、長老派制です。

安中藩に限らず、当時の藩はどこでも、自由なのはお殿様ひとりだけ、残りの家臣はみんな不自由です。典型的な寡頭政治、いや、独裁政治です。しかも、新島家の場合は下級武士ですから、殿との間に大勢の中間管理職がおります。何重もの不自由が、下級武士にのしかかります。

そういう世界から命がけで飛び出した人間が、日本に帰って来て創った教会や学校が、また安中藩みたいな不自由なボス社会だとしたら、どうでしょうか。なにもあそこまで苦労して、必死になって法律を犯して、密出国した意味がないですよね。

タテ社会とヨコ社会

自由というものに目覚めた新島から見ると、教会合同は自由を損ないかねません。それが端的に示されるのが、合同教会の合同案（憲法と呼ばれました）です。どう見ても長老派的で、非民主的な寡頭政治が基本に据えられています。個別教会の主権が、奪われる恐れが大きいのです。ごく少数の指導者が教会を仕切る。上で決めて下に降ろすという運営が、想定されています。

そう、上意下達です。偉い人、上の人が決めたことを、下々というか、平信徒は従うのが当たり前、というやり方です。どこかカトリック的なタテ社会、身分社会です。これでは、教会はヒエラルキー的な階層社会となってしまいます。

階層社会と言えば、長老派の場合は、それぞれの教会の外に、あるいは上に、政府のような別の権威を立てます。大きく分ければ、三層構造になります。小会（部会）、中会（連会）、大会（総会）です。小会というのは、個別の教会、中会はある地域（たとえば、関東とか、東北とか）における個別教会の集合体、そして大会は、全国的な組織です。

それぞれの性格や権限は違うのですが、どこが最終的な権限を持つのかと言うと、大会です。新島に言わせると、部会、連会、総会は、いずれも「自己（個別教会）の外に教会を支配するもの」にほかならず、容認できません。

なぜなら、会衆派は、どこまでもヨコ一直線の平等社会だからです。それぞれの教会は、主権をもった独立体です。各個教会の外や上に、いかなる権威集団・組織も認めません。どんなに小さくとも、それぞれの教会は、独立（自治・自立）していますから。内部の人間関係も同じで、あくまでも横並びです。

牧師は、教会や信徒を指導します。ですが、上に立つわけじゃありません。会衆（教会員たち）の先頭に立ってはいるが、他の役員や平信徒とは、立ち位置が平等です。新しい牧師を選出するのも、会衆が決めます。新しく迎えた牧師には、自分たちの教会に籍を移して（転会して）もらう。形の上では、信徒と同じ扱いです。その関係は、あくまでもフラット（平《たい》ら）なんです。だから、ものごとを決める場合も、牧師は信徒と同じく一票です。

両者の違いを図式的に言えば、長老派は教会単体でも教団全体でも、いずれもピラミッド型です。トップに権限が集中しています。それに対して、組合教会は、どこまでもヒラベッタイ、横長の長方形です。トップは先頭には来るが、立ち位置は他のメンバーと同じく横並びです。

教会運営の実権が、組織のトップ（長老）にあるのか、底辺（会衆）にあるのか、この違いは大きいですよね。これが合同して一本化するとなったら、長老主義に落ち着くのは当然、というのが、新島の反対理由です。彼は、アメリカでそういう例をいくつも見て来ました。だから、日本でもそうなるに違いない、と確信していました。そもそも、最初からあまりにも差異の大きな教派同士ですから、新島から見れば、「水と油」の合同みたいものです。簡単に混じるはずがない。

法律主義 vs フェローシップ

規則の点でも、同じようなことが言えます。長老派は、規則が細かくて、厳しいです。規則で縛るというやり方です。もし守らなかったら、ペナルティ、裁判ですよ。もちろん裁判という言葉は、使いません。「審問」です。そこには、「申告」(appeal) とか「戒規」(discipline) が用意されています。反則者は犯罪人扱いで、罰則が待っております。「審問」で思い浮かべるのは、中世カトリック教会が設けた異端審問所です。教会裁判や魔女狩りが、復活しかねません。

一方の会衆派は、規則が緩い。ユルユルです。もしも規律を乱したり、反社会的な行動に走ったりする信徒が教会内部で生まれたら、どうするか。教会で問題が起きた場合、新島なら裁判で裁くことはしない。キリストの愛の心で、問題に対処するといいます。新島は規則で縛ることが、嫌いです。「法三章」でいいという信念です。学校のケース(校則)でもそうです。

こうまで主義(polity)が違うと、合同はそう簡単にはできない。新島は結婚に譬えています。両方の「家風」が違い過ぎる。だから、いきなり結婚ということには、そうとうな無理が伴う。ほんとうに結婚したければ、相互の理解や違いの調整のために、十分な準備がいるというのが、新島の考えなんですね。要するに、今回の合同(結婚)は、推進派が急ぎ過ぎる、というのも、新島の反対理由でした。少なくとも二、三年、出来れば数年くらい、かけたい気持ちでした。

とくに自陣(会衆派)の賛成派は、会衆派の特質が分かっていない、との危惧を新島は深めて行きます。合同すると、会衆派教会の最大のメリットである自由が、失なわれてしまう。自由を犠牲にしてまで、いや、自由を安売りしてまで、合同したくないと考えていました。自分は徹頭徹尾、自由を死守する。こうした自由へのこだわりは、自由人第一号の新島としては、当たり前のことです。

そうした彼から見れば、同志社系の人が賛成に回った背景には、自分が体得したような自由の実体験がない。言葉では「自由は大事」と言いながらも、実態はよく分かっていない。新島の場合は、八年間、アメリカで自由のありがたさを肌で体験してきました。もう頭じゃないんですよ。直観的に本質や重要性をつかんでいます。

規則が緩く、自由度が高い。じゃ、そんな緩い団体だったら、徒党を組む意味があるんでしょうか。きちんとした組織や団体は、そうじゃないですよね。とりわけヒエラルキー的な階層社会は、号令一下、いや「号令一家」みたいなもんです。上の指示や号令で、ピシッと決まるんです。右向け右ですから。でも、会衆派は、ユルユルです。

で、ある時、私は神学部の大御所（マニア向けに本名をばらすと、竹中正夫教授です）に訊いたんです。「先生、こんな組織、作る意味ありますか。作ってもバラバラじゃ、意味ないではないですか」。「旧組合教会という教団を立ち上げたそもそもの狙いは、何だったのですか？」と。

即座に返って来た回答は、「フェローシップや」でした。

「フェローシップ？？？」――ちょっとがっかりしましたね。もうちょっと神学用語っぽい、まっとうな答えが返って来るか、それとも神学的に理念を説明して欲しかったんです。で、その時、私は思いました。組合教会というグループは、あぁ、仲良しグループなんだと。友情で結ばれている一種の友好団体です。

でも今にして思うとですね、さすがに竹中先生、いい答えを出されたなぁと思います。確かにフェローシップなんですよ。言い得て妙ですね、フェローシップ。だから細かい規則なんか必要ありません。繋がりは家族愛、肉親の愛。絆は、友好的な気持ちなんです。

一方の長老派の絆（というより縛《しば》り）は、厳密かつ厳格な規則、つまり法律です。法律や規則に対して友情や愛を大事にする、これは、全然違う。

家族 vs 政府

同志社の最初の卒業生のひとり、宮川経輝《つねてる》という牧師が、こう言っています。「組合教会は、あたかも一家族」。「一家族、愛を以って繋がる」、それに対して「長老教会はあたかも政府のようで、法律で信徒を束縛する」と。

家族 vs 政府。友愛主義 vs 法律主義。この違いは大きい。

新島の門弟、柏木義円《ぎえん》は、宮川発言をさらに進めて、こう言っています。「教会にまで人間的な政府は、いらない」。これまた名言ですね。

しかし、同志社の初期の卒業生グループである有名な「熊本バンド」（特に第一回の卒業生、十五人）のほとんどは、推進派です。彼らの力が凄すぎるだけに、新島は大変、苦労します。どれくらい凄いかと言いますと、この十五人の中から、新島のあとを継ぐ総長や校長が数人、出るんです。

皆さまご存じの名前を出せば、小崎弘道（霊南坂教会、番町教会）、海老名弾正《だんじょう》（弓町《ゆみちょう》本郷教会）、横井時雄（今治教会）、金森通輪《みちとも》（岡山教会）といった人たちです。金森や横井、小崎は、「八重の桜」にも出ましたね。そうそうたる人です。

彼らは、新島の教え子でありながら、植村正久派（合同賛成派）に近い存在です。とくに小崎などは植村と仲いいですから、新島としてはいたたまれない気持ちだったはずです。同志社でどんな教育を受けたんやと、多分思ったと思います。したがって、合同運動が挫折した時には、小崎などは、きつい恩師批判を繰り返しました。

ところがですね、彼らの後輩にあたる、その後《あと》の卒業生たちや、当時の現役学生たちは、新島派（合同反対派）に組みします。代表者の名前を二、三人出すと、さっきの柏木義円、それに徳富蘇峰《そほう》や広津友信です。彼らは反対派の旗手となって、新島を応援いたしました。要するに、教え子たちは、世代によって賛成派と反対派に分かれたというのが、組合教会の当時の事情です。

広津友信

今日は新潟教会ですから、三人の若手の中で広津友信を集中的に取りあげます。新潟教会の二代目牧師になる人です。彼は神学生の頃から、新島からとても信頼されていました。広津もまた、新島の意を汲んで、合同運動では反対派のひとりとして活躍します。

合同運動に決着をつける組合教会の総会では、対立する両派間で、緊迫した論争が展開されました。

若い牧師や学生たちは、大先輩たる「熊本バンド」に対抗して、論陣を張りました。学生たちが抵抗する様《さま》は、まるで孫悟空が如意棒《にょいぼう》を揮って暴れるように威勢がよかったとも伝えられています。そのひとりが、広津でした。病気のため、総会を欠席せざるをえなかった新島に代わって、何が何でも合同阻止、あるいは延期に持ち込もうという気構えでした。

新島は広津を自分の後釜のひとり、と期待しておりました。しかし、広津が同志社神学校を出るころ、新潟教会の初代牧師、成瀬仁蔵が留学のため牧師を辞任しました。新島はその後任に広津を送り込みます。新島の当初の目論みでは、別の進路を考えていました。卒業後すぐにイェール大学に留学させ、行く行くはできれば同志社の校長に据えたい、という気持ちです。

したがって、留学予定を一時、棚上げして、ひとまず新潟に行ってくれないか、と頼み込みました。いずれ留学させるから、といった約束が、交わされていたかもしれません。

広津を新潟に送り込んだこともあって、晩年の新島には、越後伝道にすこぶる思い入れがありました。計画はあったものの、結局、新島は北越に一度も来ておりません。多忙と体調不良が、要因です。とくに病床に伏すようになってからは、「地図上の伝道者」となって、机上や頭の中で計画を立てるようになりました。

部屋の中に地図を掲げて、あれこれ伝道作戦を考えたり、現地の牧師のことに想いをめぐらしたりします。広津からは、詳しい越後の地図を送ってもらっています。今も残るその地図には、青や赤の色鉛筆で地名に色付けがなされています。重要な地名は、おそらく覚えたはずです。

新島在世当時、越後には組合教会が三つ出来ておりました。新発田《しばた》、長岡、そして新潟です。中条《なかじょう》教会は、まだ独立（分派）していません。いずれの教会も同志社神学校の卒業生が、京都から送り込まれています。新発田教会には原忠美《ただよし》、長岡教会には時岡恵吉、そして新潟教会には広津友信、という布陣です。

新島は神奈川県大磯で臨終を迎える間際に、まるで遺言を残すかのようにこれら三人の若い卒業生に、熱烈な手紙を書き送っています。新島が亡くなるのは、一八九〇年一月二十三日ですが、その六日前の一月十七日が、筆を握れた最後の日になりました。この日、手紙を三通書きましたが、これが絶筆で、一週間後には亡くなります。だから遺言は口述筆記でした。

絶筆の手紙は越後宛て

新島が最後に自分で書いた三通の内訳ですが、一通は京都に残した新島八重宛て。残る二通が、なんと越後宛てです。長岡教会の時岡と、新発田教会の原にそれぞれ一通です。特に原忠美の手紙には、新島の願いがはっきりと記されています。

「願わくは自由なる福音の活種、生きた種を越後の原野に播きたまえと」と。注目すべきは、「自由なる福音」です。自由主義の教会を「越後の原野」に根付かせること、そのために、「自由なる福音」を越後の人に広く説いてほしい、という期待、これが新島の絶筆になりました。

長岡の時岡は、実は前月（十二月）にも恩師から手紙を貰っています。そこには、スゴイことが記されていました。「小生の心は、新潟県下のために燃えて止まず」。

これぞ、新島が内に秘めた情熱です。外面的には、どこから見ても冷静なジェントルマンですが、心中には、こうした燃えたぎるマグマが渦巻いています。新潟県下の伝道や県民のことを想うと、心が燃えて、燃えて、どうしようもない。「永遠の火はあたかも浅間山上の煙の如し」というんですね。火が火口でメラメラと燃え上るように、越後伝道のことが次から次へと気にかかって、仕方がない。

同じ頃、新潟教会の広津友信にも、これまた情熱溢れる手紙を送っています。「思いひとたび新潟に飛ぶと、如何《いかん》ともし難く」と。新潟のこととなると、もう止まらないんです。「胸中の噴火」は、誰も止められない。

だから、心中の想いをいったん吐露《とろ》し始めると、書いても、書いても、書き足らない。「ついに四間《よんけん》足らずの長文となりたり」ってあります。

四間、ちょっと換算してみて下さい。一間は約百八十センチ。四倍すると、巻紙は七メートルほどになる。これ書いている本人は、病人ですよ。一か月後に臨終を迎える、そんな病人がいったん、越後に想いを馳せ、広津君のことを思うとですね、もう止まらない。ちょっと異常と言うか、鬼気迫る思いすらします。

こうしたことから推測できるように、越後の若手牧師三人衆の中でも、やっぱり広津に関しては特別な思いが、新島にはあるんですね。だから広津には、特に大事な言葉を送っています。それが、今日のお話しの冒頭で紹介した「自由教育、自治教会、両者併行、国家万歳」です。新島のいわばモットーでもあります。「自分は、自由主義の教育と教会を日本全国に広めたい」との願望と決意です。自由教会・自治教会を創りたい、という一心で、有力な教え子を送り込んだのが、越後です。

キリスト教教育を重視

新島のモットーにも謳われているように、新潟教会は創立時から教育にも大変大きな力を注いできました。一八八〇年代に初代牧師の成瀬仁蔵を中軸に北越学館（男子校）と新潟女学校をすぐに設立いたしました。残念ながら短命で終わりました。

両校に続いて、大正には長田《おさだ》時行牧師が教会堂に聖心女学校と幼稚園を立ち上げました。これまた永続しませんでした。それだけ、抵抗勢力が強力で、土壌にも恵まれていないとも言えます。

戦後、一九六〇年代に新潟市に敬和学園高校が設立されましたが、その中軸となったのが、新潟教会です。九〇年代の敬和学園大学創立の場合も同様です。理事であった春名康範《やすひろ》牧師（新潟教会）が母校の同志社に行って直訴の結果、初代学長に北垣宗治教授を引き出すことに成功し、ようやく開学に漕ぎつけたという経緯がありました。

アーモストに縁《ゆかり》が深い北垣学長によって、県内初のプロテスタント大学が、リベラル・アーツ・カレッジとして独自の歩みを展開し始めます。新島がかつて夢見た「自由教育」（liberal education）とは、リベラル・アーツ教育（liberal arts education）にほかなりません（本書六三頁以下を参照）。学園と教会とは、「自由・自治」を合言葉に、車の両輪のように歩調を合わせ、併行して前進いたします。

越後にかける想い

その意味では、新潟は新島にとっては、ひとつのモデル地域なんです。とりわけ広津に対しては、越後に模範的な自由教会を創ってほしい、という期待感から、異常に長い手紙になってしまいました。新島は広津に自身の想いを託しかったのです。

結局、この手紙が広津に宛てた個人的な遺言になりました。新島は越後伝道の将来を想い、雄大な構想を最期まで抱きながら、天に召されたことになります。

越後伝道は、新島の遺訓でした。このことを自覚されている教会員が、今、どのくらいいらっしゃるのか、門外漢となった私には分かりません。けれども、「新潟教会の自由な雰囲気が好き」とおっしゃる方は、今も意外に多いと伺っています。そうなんです。これには、明確な理由があります。とくに歴史的に見た場合は、そうです。

良く似た話しが、同志社にもあります。同志社の好き嫌いに関して、在籍学生にアンケートを取ると、好感度部門のトップは、たいてい「自由（リベラル）」という点です。ですが、なぜ同志社と自由がコラボしているのか、その理由までは、知られていません。

彼らは、「我が大学の空気は、自由なり」と新島校長が喝破《かっぱ》した事実など、まったく知りません。会衆派や新島の法三章（校則は少なくてよろしい）といった考え方、それに学校の歴史などまったく知らなくても、それでも、同志社は自由な学園、と直感的に見抜くようです。新潟教会の場合も、おそらく同じじゃないかな、と邪推します。

今日の集会では、新潟教会が醸《かも》し出す「自由な雰囲気」は、いったいどこから来ているのか、その源は何なのか、その点をしっかりと自覚やら確認していただけるようなお話しを心がけました。遡《さかのぼ》ると、新島襄に辿りつくことが、お分かりいただけたでしょうか。

新潟への遺訓

新島は自分の後継者とも言うべき広津を、言うならば自分の身代わりとして新潟に派遣した、と言えなくもありません。それを考えると、新潟教会は新島から見ても、他の教会とはちょっと違うはずです。

とにかく新島の思い入れは、尋常じゃない。だからこそ、人生の最終ステージで、もう翌週、あるいは来月死ぬ、という間際の時でも、越後のこと、そこで働く卒業生のことが気になってしようがない。越後伝道をよろしく頼むよ、という激励の手紙が、絶筆となりました。

そういう意味では新潟は、新島から宿志を託された数少ない地域、あるいは教会だろうと私は思います。今日は、ちょうど教会が世界で最初に生まれたことを記念する「ペンテコステ」の日ですね。最初のキリスト教の教会が、この世に誕生した大事な日に、越後に最初に生まれた組合教会（だから当時の名前は、新潟第一基督《キリスト》教会です）が、どういう想いで創設されたのか、私たちはなにを継承すべきなのか、といったことを考えるいい機会だと思います。

一八八六年に誕生した私たちの教会は、その後、戦争中に大きな潮流に呑み込まれます。戦時中、組合教会は、政府や軍部から強制的に三十を越える他教派と合同させられて、「日本キリスト教団」に一本化されました。

以来、組合教会（組合主義）や会衆派といった言葉は、死語になりました。ですが、最近になって、会衆主義は復権しつつあります。新島が目指したあるべき教会（会衆派）の姿をもう一度、問い直そうとする機運が、生まれてきたからです。お気づきの方もいらっしゃると思いますが、私たちの日本キリスト教団で起きた横浜紅葉坂《もみじざか》教会牧師解任問題（二〇〇七年）が大きな契機となりました。

紅葉坂教会は、横浜に最初に出来た組合教会で、初代牧師は新潟組合教会牧師（広津の後を継いだ三代目です）の堀貞一《ていいち》が招聘されました。だから、新潟教会にとっては、歴史的に見て、二重の意味で姉妹教会です。他人事とみなす訳には参りません。

教会自治権を守る

今の教団の主流、あるいは執行部は、東京神学大学色が濃厚です。それに対して、同志社系委員は少数派です。東京神学大学は、長老派の巨魁であった植村正久の系譜を引いているのに対して、同志社の神学部は、もちろん会衆派に終始した新島襄の流れを継承しています。近年の教団執行部（東京神学大学派）は、かつての植村正久当時の本流（長老派）に忠実であろうとする、いわば本家帰りのような印象すら受けます。

だから、教団の主流派 vs 反主流派の抗争は、新島時代の教会合同運動を想い起させる様相を一部、呈し始めています。たとえば、教団のトップが個別教会の牧師人事に口を出す。それに従わなければ、首を切る。これぞ、強権発動、トップダウン方式です。ボトムアップ方式を尊重した旧組合教会が、もっとも嫌ったやり方です。

そこでは、個別教会の主権（自治・自立）が、いとも簡単に切り崩されています。各個教会の上や外に、別の権威（政府）を設けない、というのが鉄則の社会では、ありえないことです。

新島が挙げている悪しき例をひとつ、紹介します。大儀見元一郎《もといちろう》という長老派の牧師（東京のある教会の牧師でした）が、当時の教団（一致教会）から長崎への転任を命じられました。母親が置かれた家庭事情からそれを拒否したところ、「月給を出さない」という処置が下された、と新島は驚いています。人事権が、教会の外の人間によって握られていると、こうした不幸がとかく起りやすいですね。ちなみに、大儀見は新島の葬儀に弔文を送ってきました（『新島遺品庫収蔵目録』上、九六頁、＃一三五〇）。

自由な雰囲気を維持するには

牧師任免権と同様に、規則、すなわち「教団教規」を振り回すやり方も、旧組合教会には違和感があって、なじみません。今回、横浜の牧師を解職処分した教団の主流派は、「教憲・教規派」と呼ばれています。言い得て妙です。新島との格差は、ありすぎます。

新島は「法三章」です。規則は少ない方がいい、と考えます。ましてや、ペナルティとして罰則を加える、あるいは審問（裁判）を導入することなど、考えられません。

新島が嫌ったのは、先述したように「申告」(appeal)や「戒規」(discipline)でした。今回の牧師解職は、なんと「戒規」処分です。百三十年前の新島の不安や予言が、的中したような感すら覚えます。越後に愛弟子の広津を送って、自由主義の教会を県内に樹立することを期待した新島のことを想うと、新潟教会のあるべき姿や、将来に関しても、真剣に考えなければなりません。

それがすなわち、新島の遺志を知り、それを継承することに繋がります。今日の私のミッションは、最初に申しましたように、新島のメッセージを皆さまに取り次ぐことです。今日のメッセージとは、すなわち越後に関する新島の遺訓のことです。

そのことに関しては、すでに私たちの先達《せんだつ》たちが、意識する、意識しないにかかわらず、一世紀を越えて、心がけて来られました。その延長線上に、現在の新潟教会があります。その点からも、成瀬仁蔵、広津友信、堀貞一の後を継いだ牧師(とりわけ同志社卒の)以降、現在の長倉望牧師、神崎典子牧師に至るまで、教会を支配する空気と精神を大事に守り、一層、発展させようとする苦闘がなされてきたことに、あらためて敬服いたします。

もしも、新島が日本キリスト教団の現状を見たら、どう思うでしょうか。「自由はどこへ行ったのか」と嘆いたうえ、パウロと同じ警告、忠告を私たちにするかも知れません。

「この自由を得させるために、キリストはわたしたちを自由の身にしてくださったのです。だから、しっかりしなさい。奴隷の軛《くびき》に二度とつながれてはなりません」(「ガラテヤの信徒への手紙」五章一節)。

(ペンテコステ記念講演、日本キリスト教団新潟教会、二〇一五年五月二四日)

リベラル・アーツ・カレッジで学ぶ
――アーモスト・同志社・ICU・敬和――

社会人としてのスタート

皆さん、入学おめでとうございます。敬和学園大学が創立されて、もう二十五年にもなるんですね。母胎ともいうべき高校が新潟市に出来たのが、一九六八年ですので、それからだと半世紀です。

私が同志社の大学院を出て同校に赴任したのは一九六九年、創立二年目のことでした。新設のキリスト教主義の学校という、その一点に魅《ひ》かれて、初月給を貰うまで給料がいくらかも知らずに飛び込みました。

在職中の仕事で力を入れたのは、学園十年史の編集です。『敬和学園　その歩み』(敬和学園高等学校、一九七七年)がそれで、私が手がけた最初の著作になりました。今から二、三年後に五十年史が出版されるでしょうが、あわせて読んでみてください。

京都に戻ったのは一九八七年、皆さまの大学が創立される四年前でした。だから、この大学の設立当時のことは、蚊帳《かや》の外におりましたので、ほぼ無知です。ただ、退職後、ご縁も多少ありました。大学が出来る直前には教務職員として、そして開校後には教授として戻ってこないか、との打診をいただきました。アルバイトに追われていた私には、収入が一挙に数倍になるという魅力的な案件でしたが、京都（同志社）を離れると新島襄の研究ができなくなることもあって、お断りいたしました。

昨日、学長の山田耕太《こうた》先生の案内で、校舎内を初めて見せていただきました。とくに見たかったのは栄光館とパーム館、そしてニューエル館です。なぜなら、初代学長の北垣宗治先生が名付け親だということをかねてご本人から伺っていたからです。後者の二館については、自身でその旨を記録にも留められていますので、確認ができます（北垣宗治「自伝を通してみたH・B・ニューエル」一六五頁、『人文社会科学研究所年報』四、敬和学園大学、二〇〇六年）。

初代学長・北垣宗治

北垣先生は、学長を引かれてからは京都に戻られ、今は新島研究三昧の生活です。年齢が私よりも一回り以上、上ですから、研究歴から言っても私の師匠格で、今も同志社にあるふたつの学内研究会でご指導を受けております（実は、今日はその例会の日です）。

昨年、私たちふたりは、同時に同志社大学から「新島研究功績賞」をいただきました。私自身は三度目の受賞で、「新島研究論文賞」（一回）を含めると、表彰は都合四回になります。それでも、北垣先生を追い抜くことは、至難の業です。その北垣先生が、学長予定者となって新潟に行かれ、新設大学の基本路線を敷かれる時に、ベースとなったと思われる要素が四つあります。

①プロテスタント信徒（新島襄が創立した日本キリスト教団同志社教会で受洗。この点でも、私の「先輩」です。その後、同教団京都教会に転会された）。

②同志社大学文学部英文学科の卒業生で、元文学部教授。学生時代（三年半）は学内にある同志社アーモスト寮でオーテス・ケーリ館長（文学部教授）の指導を受けた。
③新島襄研究の大家で、『新島襄とアーモスト大学』（山口書店、一九九三年）を始め、著作多数。
④アーモスト大学（Amherst College）で半年間、在外研究をするなど、同大とのゆかりが深い。
以上四件は、いずれも直接、間接に皆さまの大学の骨格やバックボーンの形成に深く関わっています。このことから、まず解明していきましょう。

パーム館とニューエル館

初代学長の遺産（働き）が、どの学生にも目に見える形で明白なのが、校舎と大学の名前です。まず本学の「栄光館」ですが、これは同志社にある代表的な校舎の名をそのまま「転用」というか、持ち込まれた感があります。同館には同志社で最も大きな講堂が組み込まれており、毎年、卒業式や入学式が行なわれています。北垣学長は、栄光館のほかにも新潟ゆかりの人物の名前を用いて、「パーム館」と「ニューエル館」と名付けられました。

パームにしろ、ニューエルにしろ、十九世紀に新潟で活躍した宣教師です。今はともかく、二十五年前ではその知名度は惨めな位、低かったはずです。新潟古町《ふるまち》の銘菓・「はり糸のカステラ」にも完全に負けていましたよね。

実は私は北垣学長が赴任されるずっと前から、新潟に来た宣教師たちの調査や研究を始めていました。四十年ほど前、地元の新聞社が『新潟県大百科事典』（別巻、新潟日報事業社、一九七七年）を出した時には、「敬和学園」だけでなく、「パーム」（T.A.Palm）も「ニューエル」（H.B.Newel）も立項しました。ニューエルなど、これが新潟デビューでした。

その二年後の一九七八年には、パームに関する論文を発表しました。修士論文以後、私が書いた初めての論文です。これを皮切りにつぎつぎと論文を発表し続けました。研究を深めるために、同好の士と新潟プロテスタント史研究会も立ち上げました（詳しくは、拙著『近代新潟におけるプロテスタント』思文閣出版、二〇〇六年を参照）。

新潟ゆかりの宣教師たち

本学が創立される三年前には、今度は銀座の教文館が『日本キリスト教歴史大事典』（一九八八年）を出版しました。これにも私は、「パーム」や「ニューウエル」を入れております。事典はここの図書館にも入っていますから、後で見てください。ふたりにとっては、いわば全国デビューです。知名度でやっと亀田の「柿の種」に肉薄し始めました。

以上のような私の宣教師研究が、後になって、思いがけなくも本学校舎のネーミングに多少とも反映されたとするならば、私の働きもどこか影武者やら黒衣《くろご》めいていて、面はゆいですね。

ともあれ、パームにしろ、ニューエルにしろ、ふたりの名前は、現時点で新入生には未知でしょうね。ただ後者に関しては、本学では校舎名以外にも奨学金の名前（後出）にも付けられていますから、学生の皆さまの目に触れる機会は、今後どこかできっとあると思います。

そこで、まずはパームの紹介です。新潟に派遣された宣教師としては、お雇い外国人で来たS・R・ブラウン（S.R.Brown）を例外とすると、パーム（エディンバラ医療宣教会所属）が第一号です。医師であり、牧師でしたから、新潟伝道の開拓者なんです。彼が越後にキリスト教を伝えなければ、教会も生まれず、したがってこの種のキリスト教主義学園の誕生もなかったかもしれませんね。

彼に続く宣教師も何十人といます。その中から北垣先生は、校舎につけるのに相応しい名前としてニューエル（アメリカン・ボード所属）に着目されました。越後滞在が十七年にも及んだ点だけでも、妥当な人選ではあるのですが、私ならD・スカッダー（D.Scudder）を選んだかもしれません。ニューエルに負けないほどの華々しい業績を挙げていますから。

ついこの間（四月二日）終わったばかりの朝ドラ、「あさが来た」で成瀬仁蔵という教育者が出ておりました（ドラマでは、「成澤泉」）。彼は日本女子大学を作ったことで名前が知られていますが、その前は実はいまの新潟教会（日本キリスト教団）の初代牧師を務めた宗教家なんです。彼は、この教会のほかにも、男子校（北越学館）や女子校（新潟女学校）を市内に作った開拓者なんですが、彼をもっとも助けたのが、実はスカッダーでした。

にもかかわらず、彼が校舎名の人選に漏れたのは、ただ一点。ニューエルがアーモスト大学を出ているのに対して、スカッダーがイェール大学卒といったあたりにあったのでは、と密かに推測しております。なぜか。ニューエルは大学、ミッションとも新島襄の後輩に当たる点で、北垣先生からは高得点が獲得できたのでしょう。新島とアーモストが大好きの北垣先生にしてみれば、スカッダーの線はありません。

新島研究の副産物

北垣先生と私との繋がりは、これだけではありません。越後で伝道に励む教え子に宛てた新島の手紙を紹介した「新島襄と越後伝道」（以後①）という私の初期の論文（『新島研究』四七、一九七六年）、およびその四年後の作品である「新島襄と加藤勝弥――北越学館をめぐって――」（以後②、『同志社談叢』創刊号、一九八一年）が、北垣先生を新潟に引き出すのに多少とも力になったと考えられます。どういうことか、と申しますと――

①を概論とするならば、②は各論に相当するもので、いずれも「越後の同志社」を目指した北越学館と新島との繋がりを紹介しています。北垣先生はその後（九年後に）、自らの編著『新島襄の世界――永眠百年の時点から――』（晃洋書房、一九九〇年）に私の②を収録してくださいました。新発田《しばた》に赴任された直後のことです。同書の「まえがき」（ｖ頁）の中で、先生は私のことを「新潟県におけるプロテスタントの伝道史研究の第一人者」と評価してくださいました。

この文言からも分かるように、北垣先生は、①、②を含めて私の作品をすでに読んでおられます。①を読まれて十数年後に、そして②に目を通されてから九年後に、先生は新潟に赴任されました。赴任直前の人事交渉では、次のようなやりとりがあったと聞いています。最初の学長人事が難航して、開学が危ぶまれた時、担当者の理事（名前を明かすと、新潟教会牧師の春名康範先生。今は大阪市・天満教会牧師）は母校の同志社に来て、北垣先生にひざ詰め談判されました。「先生が来てくださらないと大学はできません！」と。北垣先生は、逡巡されながらも最終的には「火中の栗」を拾う覚悟で、「それなら行きます」と決断され、定年前に同志社大学教授を辞められました。

この背景にあるのが、実は新島研究をめぐる秘話なんです。学長に就任された翌年、北垣学長は私の①「新島襄と越後伝道」に触発されて、「新島襄と越後の伝道」を『新潟キリスト教史研究』（四、一九九二年）に発表されました。この雑誌（紀要）は、私が新潟にいた時に初代会長を務めた研究会が出していた機関誌で、いわば私の置き土産です。北垣先生は私と入れ替わるように、研究会の有力メンバーになられました。この北垣論文の末尾に注目すべき文章が入っています。

「私が現在奉職する敬和学園は、このような百年前の新潟のプロテスタントの伝道者たちの、必死に播いた種が芽生え育ち、結実した結果なのであり、新潟の土壌に生成発展しつつある。私は新島の手紙を読むたびに、自分に与えられている光栄ある付託を繰り返し実感するものである」（『新島襄とアーモスト大学』四一五頁）。

最後の「光栄ある付託」という文言は、敬和関係者なら熟読玩味すべきキーワードです。新島が越後伝道に掛けた「夢」と「志」をわが身に引き継ぐ、との決意表明だからです。この因果関係がもし正しければ、初代学長人事は私の貧しい新島研究が生み出したささやかな「余徳」にほかなりません。ならば、私はここでもいわば黒衣でした。

KEIWA COLLEGE

さて、館名よりもさらに大事なのは、校名です。敬和の名前は最初から決まっていましたので、初代学長とて大学名はいじれません。で、北垣先生らしいのは、英語名をKEIWA COLLEGEとしたことです。ユニバーシティとせずに、カレッジと名乗ったのは、なぜか。今日の私の仕事は、この疑問に答えを出すことです。

正解を出すには、ユニバーシティとカレッジの違いを先に見ておく必要があります。日本では大学の英訳は、カレッジではなくてユニバーシティでほぼ決まりです。なぜなら、カレッジを名乗ると、レベルの低い一段下の大学と見なされがちだからです。

ですが、アメリカでは違います。両者はきちんと峻別され、棲み分けがなされています。ランキングも別々に発表されます。オリンピックの男女別競技と同じ扱いです。

例年、ユニバーシティのトップは、ビッグ・スリーとか（創立順に）ＨＹＰと呼ばれる三つの大学、すなわちハーバード、イェール、プリンストンが常連です。一方のカレッジ部門は、「リベラル・アーツ・カレッジ」部門とも呼ばれ、上位二校は、ほぼ不変です。アーモストとウイリアムズが激しいトップ争いを毎年、繰り広げます。

つまり、アーモスト・カレッジはもっぱらリベラル・アーツ教育を目指す大学《カレッジ》、それも超名門校なんです。ニューエルのほかに、日本人なら新島や内村鑑三が出ています。

こうした事実から、KEIWA COLLEGEの本質が、見え始めます。つまり、敬和は最初からリベラル・アーツを目指すカレッジ路線を選択して、スタートを切った学園です。この点、北垣先生の答えは明確です。「敬和学園大学は英語で Keiwa College と表示することに決めています。〔中略〕なぜ敬和はカレッジなのか。それは私たちがアメリカのリベラル・アーツ・カレッ ジをモデルとしているからです」(『*KEIWA COLLEGE REPORT*』三四、二〇〇二年六月号)。

だから、NIIGATA UNIVERSITY とは、大きく違います。

リベラル・アーツ・カレッジの六つの特徴

この種のカレッジは、ニューイングランド(合衆国東北六州)で発達したアメリカ独自の私立大学で、ヨーロッパ型、とくにドイツで発達した総合大学(ユニバーシティー)とは異質です。以下、違いを明白にするため、カレッジの特徴を列挙してみます。

(一) 目的

建学精神は、人間教育(人格教育、人間形成)にある。

(二) 学部教育

学部の四年間を使って、一貫して幅広い教養と訓練を施す。人造りのために、知育・徳育・体育の三領域で、総合的な教養教育を施す。

(三) 大学院をもたない

専門教育を行なう大学院を切り離す単科大学で、学部はひとつ(リベラル・アーツ学部)という単科大学。

(四) 徳育重視

キリスト教主義(プロテスタント)に基づく精神教育(宗教教育)を重視。

(五) 寄宿舎学校(全寮制)

大都市よりも地方に立地し、カレッジ・タウン(学園都市)を形成する。

(六) 少人数教育

学部がひとつのため、定員はせいぜい千人から二千人以内というスモール・カレッジ。

幅広い教養教育に天皇もびっくり

カレッジのイメージをつかんでいただけましたでしょうか。専門教育重視のユニバーシティ(総合大学、大学院大学)との最大の違いは、学部四年間における教養教育(リベラル・アーツ教育)の徹底にあります。ここのところが、日本の大学生は理解不可能です。

たとえば、日本ではリベラル・アーツ教育の基盤となる「一般教養」は、「般教《ぱんきょう》」と呼ばれ、バカにされます。高校の復習に過ぎないと誤解され、軽視されます。日本の学生は、入学時から専門教育を受けたがります。こんなエピソードがあります。アーモスト大学のC・W・コール学長が来日した際(一九五三年)、昭和天皇との会談がセットされました。これだけでもアーモストのステイタスが、なんとなく窺えるようなセッティングですね。

五十分ほどの会見中、天皇が最も膝を乗り出した話題は、「アーモストでは生物学や物理のような自然科学を必修科目にしている」との学長の説明でした。天皇からは、「エコノミストや弁護士志望の学生もか」との質問が出されました。コール学長の印象では、天皇はアーモストの一般教育（general education）の考え方に賛同しているようだったといいます。

教員は「親代り」

こうした幅広い教養教育が必要なのは、ひとえに人造りのためです。だから、アメリカのカレッジで教鞭を執る教員は、研究者である前に教育者であらねばなりません。もっと言えば、子育てをする親権者の働きが要求されます。

アメリカのリベラル・アーツ・カレッジに共通するモットーは「親代わり」（in loco parentis）だ、と聞いてびっくりしたことがあります。教員は親に代わって、子ども（学生）を円満な人格者、すなわち良識ある大人（市民）に育て上げるのが、大事な役目だというのです。

これに対して、ドイツ流の専門教育型ユニバーシティー（特に大学院大学）の教授は、ひたすら研究に励む一方で、学生を研究者や専門家に育成する責任を負わされます。だから、そこでは教育者よりも研究者（専門家）としての実績が問われます。ので、人格陶治の仕事は、ユニバーシティでは二次的でいいのです。

「ひとりは大切」

新島が三年間、アーモストで受けたのは、ユニバーシティとは違った人間教育（人造り）でした。アーモストは単科大学（カレッジ）であり、大学院をもたない全寮制のスモール・カレッジでした。新島は同志社でも一人ひとりを大切にする教育を心がけました。「諸君ヨ、人一人ハ大切ナリ、人一人は大切ナリ」との名言を残しています（詳しくは拙著『ひとりは大切——新島襄を語る（二）』思文閣出版、二〇〇六年を読んでください）。

敬和学園も、同じ精神を受け継いでいます。高校からしてそうです。高校HPの表紙には、「一人ひとりを大切にする敬和学園の三年が、あなたの人生を大きく拓きます」と高らかに謳われています。大学も同様で、山田学長が、「リベラルアーツ教育は、いのちを尊重し、一人ひとりの存在を大切にする教育」と定義されています（山田耕太『*KEIWA COLLEGE REPORT*』八四、八頁、二〇一六年六月）。

こうした教育は、一万人を越える、まして数万人の学生を抱えるユニバーシティでは、まず無理でしょう。三万人近い現在の同志社大学には、耳の痛い指摘です。

リベラル・アーツ教育の導入

強調したいのは、新島こそリベラル・カレッジ教育を最初に日本に導入しようとした日本人だ、という点です。外国人で言えば、L・L・ジェーンズでしょう。熊本洋学校（一八七一年～一八七六年）

において、すべての教科をひとりで学生たち（その中核が後の「熊本バンド」です）に教えたことで有名ですね。そんな離れ業が出来た要因は、彼の学歴にあります。

彼はアメリカ陸軍士官学校（ウエストポイント）の卒業生なんです。同校やアメリカ海軍兵学校（アナポリス）は、イメージの上からは意外なことなんですが、実は全米を代表するリベラル・アーツ・カレッジなんです。全米のランキング（二〇一六年）を見ると、二十二位に入っています（ちなみにアーモストは、今年はウイリアムズに次いで二位です）。ジェーンズは、この出身大学の「威力」を発揮して、熊本でいち早くリベラル・アーツ教育を発揮いたしました。したがって、「日本のアーモスト」を目指した同志社に転じた「熊本バンド」たちは、熊本でも京都でもリベラル・アーツ教育を受けたことになります。

日本のリベラル・アーツ教育は、ジェーンズと新島が相次いで種を播いたことになります。とりわけ、新島の場合は当時、日本には私立大学が皆無と言うこともあって、同志社のモデルは母校のアーモスト大学以外にはありません。新島は「京都の学校をウイリアムズかアーモストのようにしたい」と望んで、京都に同志社を開校します。つまり、同志社は「日本のアーモスト」である点で、リベラル・アーツ・カレッジ第一号と言えるでしょう。

それに対して、明治維新から戦前まで、帝国大学を軸にした日本の大学教育は、概してドイツ型のユニバーシティが主流でした。その中でアメリカ独自のカレッジを移植しようとした同志社はマイナー、かつ特異な存在でした。戦後になると、こうした状況に大きな変化が生じます。

第二次世界大戦に敗戦した結果、日本を支配したアメリカ主体のGHQが、日本の大学制度の改革指令を出します。ドイツ型（専門教育）からアメリカ型（教養教育）への転換です。

これには、日本側からの抵抗が強く、結局、旧制高校（教養教育）の上に新制大学（専門教育）を積み上げるという折衷案で落着します。つまり、四年間の学部教育の前半を教養（リベラル・アーツ）課程、後半を専門教育課程とする、という妥協案です。だから、と言うべきでしょう、結局、中途半端な改革に終わります。

湯浅八郎による教養学部設立

その点、同志社はリベラル・アーツ教育の先駆者であるだけに、他校よりも進んだ改革に着手しました。リベラル・アーツ学部の創設です。日本で最初の試みです。ですが、さすがにカタカナでは認知度ゼロですから、「教養学部」としました。立案者は、戦後最初の同志社総長、湯浅八郎です。

湯浅は同志社を卒業してから渡米し、しばらく労働した後、やがてカレッジで学びます。帰国後、総長として取り組んだ新しい学部のモデルが、やっぱりアーモストでした。そこで、アーモスト出身のアメリカ人で、同志社大学で予科教授をしていたオーテス・ケーリ（まだ二十七歳でした）を抜擢して、初代教務部長《レジストラー》に任命します。さらに、教養学部長には児玉実用《さねちか》教授を指名しました（ケーリは副部長を兼務します）。児玉は、戦争のためにアーモストに留学できませんでしたが、長男の実英《さねひで》氏（後の同志社女子大学学長）をアーモストに留学させるほどのアーモスト愛好者です。

湯浅はこうしたスタッフの力を借りて新しい学部作りに挑戦しましたが、わずか三年（一九四七年～一九五一年）で挫折しました。独立した四年制の学部ではなく、最初の二年間（いわゆる教養課程）だけの試みでしたから、無理がありました。そのうえ、すでに六十年以上の実績というか、蓄積があった大学だけに、新しい改革にはすぐには移れない、という学内事情もありました。その後、同志社はマンモス大学への道を一路突き進んだために、スモール・カレッジの枠を飛び出してしまいました。

それでも、同志社大学は、リベラル・アーツ教育の精神と伝統が忘れられず、ユニバーシティに変貌してしまった今も、あれこれ模索中です。その証拠をふたつ。現在、大学HPのトップに「同志社大学の中にAmherst Collegeを」とのキャッチ・コピーが掲げられています。もうひとつは、半年前（二〇一五年十一月二十日）に学内で開かれたイベントです。

「リベラル・アーツ教育の日米比較」というテーマのシンポジウムで、パネラーが豪華でした。アーモスト・カレッジ学長、ICU（国際基督《キリスト》教大学）学長、そして同志社大学学長でした（内容は『同志社時報』一四一、二〇一六年四月を参照）。三つの大学の相互関連にご注目ください。

さらに二〇一七年度からは、「グローバル・リベラル・アーツ副専攻」を設け、英語による少人数クラス（対話型）において留学生も含めて、幅広い分野の授業を行なうことになりました。

同志社女子大学の「学芸学部」

リベラル・アーツ教育に関しては、同志社大学に比べると、同志社女子大学の方が熱心です。サイズ的にも、人数的にも条件が優れていますから。新制大学として一九四八年に開学するや、「学芸学部」を立ち上げました。初代学長のE・L・ヒバード教授の創意が大きかったのです。彼女は、名門リベラル・アーツ・カレッジ（女子大）であるマウント・ホリヨーク大学（Mount Holyoke College）卒の女性宣教師で、母校で受けたリベラル・アーツ教育への思い入れが強烈でした。

新設された女子大の学則に「本学の性格は、リベラル・アーツの大学として規定する」（第三条）と明記したばかりか、大学の英語名をDoshisha Women's College of Liberal Artsと決めました。「学芸学部」とは、「リベラル・アーツ学部」の日本語訳で、もちろん単科大学です。ユニバーシティのような「専門店」ではなく、「百貨店」型のカレッジを目指したい、とヒバードは念願しました。

ところが、その後、教員の中から専門教育を深めるために大学院を設置したいとの要望が起きました。これが他の大学ならグレードアップですから、誰もが歓迎すべきことです。

けれども、リベラル・アーツ教育の信奉者であるヒバード学長にとっては、飛んでもない企画ですから、学長はこの案に強硬に反対しました。それでもあれこれあって大学院が実現するや、彼女は一九六七年に辞職し、他教派の東北学院大学に移って、教授を続行しました。

東大の挑戦

同志社が教養学部や学芸学部を立ち上げた直後、一九四九年のことですが、今度はなんと東大に四年制の教養学部が発足しました。初代の学部長となったのが、矢内原忠雄（後に東大総長）です。自身は帝大出身ですが、内村鑑三門下の信徒として、著名です。矢内原は入学してきた第一期生に対して、「本学部は、教養人の育成を目指す」と宣言しました。

これこそ、恩師の内村がアーモストでつかんだ教育観です。内村は、新島襄の推薦でアーモスト・カレッジに入学し、二年間学んでおります。その内村の言葉を紹介します。

○アーモストが重視するのは、「寧ろ徳にありて、智にあらず」（『内村鑑三全集』三、七三頁、岩波書店）。

○「専門家を養成するは『カレッジ』の目的にあらず。『カレッジ』の主眼は、円満なる市民を養成するにあり。故《ゆえ》に学課は汎《あまね》く諸派に渉《わた》り、之を修むるに依て、諸学相互の関係を了し、専門家たるに先《さきだ》ちて、広闊なる智識の土台を造るにあり」（同前三、七五頁、傍点は原文）。

東大のような国立大学に、アメリカの私立カレッジ、それもキリスト教をベースにした教育を実践する大学の教育方式が導入されるというのは、異例のことですね。教養学部は、いまも健在ですが、当初の理念が継承されているといいのですが――。内輪からの評価は、今月末（四月二十八日）に発行予定の『東京大学「教養学部報」精選集』（東京大学出版会）を読めば、分かるはずです。

教養教育に関連しては、矢内原同様に、元東大総長で文部大臣もされた有馬朗人《あきと》氏にすこぶる好意的な発言があります。

「日本の大学が〔戦後〕そういう風に大衆化したのだから、大学での教育を徹底的にやりなさい。その点、アメリカの大学は優れています。リベラルアーツ&サイエンスという、いわゆる教養教育を徹底して行う。大学に入った頃は、日本の学生諸君に比べ、なんてできないんだろう、と思う。しかし、二年ぐらいすると東大の学生より、よっぽど勉強ができるようになる（有馬朗人「一つのこと徹底に」『慶応キャンパス新聞』二〇〇八年六月一〇日）。

この発言に対して、取材した記者はこうコメントしています――戦後、日本は教養教育を重視するアメリカ型の大学に変ったが、その後、教養部（教養課程）はお金がかかるから、多くの大学は教養部を解体してしまった。今は、専門部の先生が一般教養を担当している。「これが大失敗」だった。今の時代こそ、アメリカの大学のように、教養教育を徹底的に行なう必要がある。有馬氏も、「研究は、大学院から力を入れたらいい」と提言している、と（同前）。

その後、東大はつい一年前（二〇一五年三月十八日）に「東京大学憲章」を制定しました。そのなかで、「教育システム」として、リベラル・アーツ教育を重視する方針を明文化いたしました。こうあります。

「東京大学は、学部教育において、幅広いリベラル・アーツ教育を基礎とし、多様な専門教育と有機的に結合する柔軟なシステムを実現し、かつ、その弛《たゆ》まぬ改善に努める。大学院教育においては、多様な専門分野に展開する研究科、附置研究所等を有する総合大学の特性を活かし、研究者および高度専門職業人の養成のために広範な高度専門教育システムを実現する」。

どこから見ても日本を代表する総合大学型の東大が、学部での教養教育を重視するというアメリカ型のカレッジ教育を目指すというのですから、驚きです。

専門教育を受ける前に人間造りを

専門教育は大学院で、との主張を同じく強調されているのが、医師の日野原重明氏です。現在、百四歳ながら聖路加《せいロカ》国際病院名誉院長として社会活動を展開されています。今の医学教育のあり方に根本的な疑問を抱いて、理想の医科大学設立を目指しておられるのも、そのひとつです。

学部四年間は幅広い教養教育（リベラル・アーツ教育）を受け、人間づくりに励む。医学の専門教育は、その後の大学院（medical school）に委ねるという考えです。要するに医者になる前に「人になる」必要がある、との信念です。

医学教育に関しても、アーモストの動向が参考になります。学部教育を徹底するアーモストには大学院、したがって医学部がありません。けれども、八割前後の卒業生が外部の大学院に進学するといいます。それまでは、「自己発見」や「自分探し」の期間です。だから、カレッジ入学時には専攻は未定です。これに対して、日本では大学を受験する十八歳で一生の進路選択を迫られます。

専門教育の前に人間教育を施すアーモストの実践は、アメリカでも高い評価を生んでいます。ひとつ、こんな証言があります。

「近年、実際にアーモストで三年間学んだ日本人医師が、アメリカ国内の『方々《ほうぼう》の医学校でここの卒業生は大変、人気がある』と発言している。『人間性』に富んだ医者や『幅広い教養』の持ち主が求められているからである。医者に限らず、リベラル・アーツ教育を受けてから専門家になる、その方が、いきなり専門教育を受けた人よりも、指導力や判断力、協調性などの資質に恵まれるという」

（武富保「アーモスト大学に於けるLiberal Artsの教育」、『ＤＡＣニュース』六一、同志社アーモストクラブ、二〇〇四年）。

ＩＣＵの試み

こうしたリベラル・アーツ教育の導入は、日本では本来、私学が先駆けました。なかでももっとも成功したのが、戦後に発足したＩＣＵ（国際基督教大学）です。四年制の教養学部だけの単科大学です。立役者は、あの湯浅八郎です。一九五〇年、同志社総長からＩＣＵ初代学長へ転身しました。

総長の「割譲」を申し込まれた同志社（理事会）は、大困惑でした。けれども、湯浅自身は同志社で教養学部が挫折したこともあって、新天地で巻き返しを図りたかったのでしょうか。総長を辞職して、転身しました。

その際、湯浅は教務部長にするために同志社からケーリ教授を引き連れて行きました。しかし、ケーリは、自分を同志社に派遣してくれたアーモスト大学の意向を無視できず、まもなく同志社に戻りました。彼は当時、学内のアーモスト館（アーモスト大学から寄付されたアーモスト寮）に家族で居住し、少数の寮生を指導していました。北垣先生も学生の頃、この寮生のひとりでした。

北垣先生は、その後もケーリ教授を恩師のひとりとして終始、畏敬されています。だからこそ、こちらの大学でも「ケーリ・ニューエル奨学金」を制定されたのですよ。

このケーリの手を借りて、湯浅はＩＣＵではアーモストをモデルにして、教養教育や人間形成を効果的に行なうために全寮制を敷くスモール・カレッジを目指しました。その結果、いまでは日本を代表するリベラル・アーツ・カレッジに成長しました。大学ランキング、とりわけ在学生による自己評価や満足度によるランキングでは、一位を占めるのがごく当たり前になっています。

近年は、佳子《かこ》さまブームでさらに人気沸騰中です。近くある集会で私は講演をしますが、司会はＩＣＵの卒業生で、英語と中国語を自由に操れるバレリーナーです。彼女の肩書はなんと「ミス日本緑の女神」(二〇一六年)、ならびに「準ミス・インターナショナル日本代表」(二〇一三年）ですから驚きです。

KEIWA COLLEGE の系譜

最後に本学の系譜です。Keiwa Collge とカレッジを名乗る以上、リベラル・アーツが命です。その起点が、アーモストであり、それを繋ぐ働きを同志社やＩＣＵが果たしたことが、分かって貰えたでしょうか。今日のサブタイトルを「アーモスト・同志社・ＩＣＵ・敬和」としたのは、このためでした。

かつて明治中期に新潟教会が北越学館というキリスト教主義の男子校を新潟市に設立したことがありました。前に紹介したように、成瀬やスカッダーが尽力した結果です。同志社系の信徒が設立と運営の主体でしたので、新島襄は影の校長として、人材派遣に協力しました。

その結果、学館は「越後の同志社」を目指した、と言われたものです。新島がアーモストに推薦した内村鑑三が、帰国後に教頭に就いたのが、この学校です。

こうした経緯を思うと、KEIWA COLLEGEは、あたかも「新潟のアーモスト」になろうとする挑戦であるとも言えましょう。布陣だってそうです。本学の中心人物である歴代学長は、いずれもリベラル・アーツ教育の本流で教えたり、学んだりした経験の持ち主ばかりです。

当たり前と言えばそれまでですが、これにはびっくりです。もちろん学長以外にも、スタッフのなかに同じ経歴をもった方が、何人もいらっしゃいます。ここでは学長を見てみます。

初代　北垣宗治（同志社、アーモスト・カレッジ）

二代目　新井明（アーモスト・カレッジ）

三代目　鈴木佳秀《よしひで》（ICU）

四代目　山田耕太（ICU）

二代目の新井学長を推薦したのは、北垣学長だと聞いております。両者の出会いがアーモストであった、というのは、すごい奇遇ですね。お二人とも、アーモスト留学経験者ですから、新井学長もアーモスト路線を引き継ぐことを当初から決断されていました。

次いで三代目、四代目（現任）の学長は、ICU繋がりです。ここにおられる山田学長は、『*KEIWA COLLEGE REPORT*』（八二、一頁、二〇一五年八月）の中で、はっきりとこうおっしゃっています。本学の教育の特徴は、一言で言えばリベラル・アーツ教育である。それは、「偏差値教育」とは対極にある「真の人間教育」である、と。

皆さん、本学は偏差値とは無縁の世界ですよ。人造りを主眼とするカレッジなんですから。ユニバーシティじゃありません。

東大はハーバードを越えられるか

繰り返しますと、日本におけるリベラル・アーツ教育の源流は、カレッジ（アーモスト）に始まります。そこで学んだ新島襄がこの方式を日本に持ち込み、同志社をそのための拠点にしようと活動いたしました。新島に続いてアーモストに留学した内村も、結果的には門弟を通じて、東大に同種の教育を広めることになりました。

けれども、いかんせん、東大は全体としてはユニバーシティなんです。そこに大きな問題点があることを東大名誉教授の天野郁夫氏が明らかにされています。

「米国の大学は、専門性よりもリベラル・アーツと呼ばれる教養教育を重視し、人間形成を主な目的としている。学生たちは、全寮制の校舎で濃密な人間関係をとりむすび、教官と学生との距離も近い。入学時には専攻も決まっておらず、何を学ぶかは自由です。〔中略〕

日本の一流大学は、米国の私大のようにはなれないでしょう。目指す教育の方向性が違うからです。日本のほとんどの大学は、入学時に専門分野が決まり、教養課程は軽視されている。基本的に専門家養成の場であり、人間教育にはあまり関心がありません」（天野郁夫「米国の大学にはなれない」『*The Asahi Shimbun Globe*』二〇一六年三月三日〜三月一九日）。

その点、KEIWA COLLEGEは、別ですよ。アーモストや同志社、さらにはＩＣＵでリベラル・アーツ教育を実際に受けた人たちによって生み出され、維持されている独自の大学ですから。この点をしっかりと自覚すれば、大学を見る目が変わりますよ。

そうすれば、皆さまの学生生活は確実に変化し、向上します。自分の大学に自信と誇りが持てます。優れた「アメリカの大学になれる」可能性は、他大学よりもずっと高いことを信じて、前向きにカレッジ（！）・ライフを楽しんでください。

今日はこのことをお伝えするために、京都からやってまいりました。

（新入生歓迎公開学術講演会、敬和学園大学、二〇一六年四月一五日）

同志社は不滅か

――同志社 Foreverへの秘策――

「じょうねつ」

「も～な・菓」というお土産を先日、大分県（豊後《ぶんご》高田）の方からいただきました。最中《もなか》でした。最初、もなさんが創ったお菓子かな、と思いましたが、実は「も～な」は「とても」とか「大変」という意味の方言でした。つまり、正解は「ものすご～美味い最中」です。

そこで、応用問題です。じゃ、「襄熱」はどうですか。も～なやさしい、ですよね。

この言葉は生まれたばかりですから、あまり世に拡散してません。去年、ある卒業生から「献上」されて、思わず小躍りした言葉です。本井センセの「襄熱ゼミ」を受けて、「新島の追っかけ」に変身した時に、こころに閃《ひらめ》いた言葉、らしいのです。新島にイカレテル度合を示す指数のようなもので、さだめし私は沸点です。

それにしても、言い得て妙です。同志社新語大賞があったら、ためらうことなく応募推薦してみたいですね。大賞はともかく、百十円で売られている「最襄級」という同志社グッズのミネラル・ウオーター、あのブランド名よりかは、クオリティは高いと思われませんか。

別のおりに、他の学生からも、「先生と五分、話しをするだけで、肺の中が紫になる」と言われたことがありました。紫とは、もちろんスクールカラーですが、奇しくも私の好きなラベンダーカラーでもあります。これまた、「あっぱれ」です。しかし、逆の立場の学生から見れば、私はさぞかし、要注意の「新島襄熱中症」患者みたいなもんです。

で、今日は、悪性ウイルスを拡散させないよう、なるべく冷静に話します。ただ、これが、早稲田大学となると、事情が一変します。年に一回、私は十一月六日前後の授業に呼ばれています。「早稲田を知る」という早稲田スピリットを思い切り高揚促進するための講座をひとコマ（九十分）ジャックする形で、ひたすら同志社や新島襄のことを「襄熱」こめて、吹聴します。だから、脳内テンションがいやおうなく上がり、ラベンダー・オーラが、立ち込めます。

今年の授業は、春学期に配置されましたので、来週（六月十二日）、行って参ります。ついでに、学内の會津八一《やいち》記念博物館を覗《のぞ》いたり、人気グッズの「早稲田マロン」をお土産に買ったりするのも、楽しみです。

さて、前口上はこれくらいにして、本題に入ります。

同志社スピリット

いきなりですが、同志社は不滅でしょうか。未来永劫に続く大学でしょうか。セコムのCMで有名な長嶋茂雄サンによれば、巨人軍は「不滅」らしいですね。私は長嶋サンのような天性の陽性とはマギャクのネクラ院生でしたから、学生当時から、同志社不滅神話に乗りきれず、学園の前途を憂慮せざるをえませんでした。

とりわけ、最近の同志社を見ていると、けっして楽観は許されません。とくに大学の図体は、驚くほど肥大化しました。ところが外から見ると、これはかえって安心材料に見えるようです。

こんなデカイ身体の大学が、潰れるわけはない、未来永劫、大丈夫、と世間では思われがちです。それに、大学経営の格付け会社から、かつて「AA＋（プラス）」という極めて高い評価（私大では早稲田と同志社だけ）をもらったことがありますから、学内的にも「倒産」とは無縁な学園、ともすれば安堵されています。

ですが、もちろん安心は禁物です。大事なのは、中身ですから。とりわけ、「精神」が問題です。これしだいで、同志社の浮沈、いや存廃が決まります。学園から「精神」が消え去ると、生命が絶えます。今日は同志社スピリット・ウィークのまっ只中ですから、思いっきり「同志社精神《スピリット》」にこだわってみます。

「私立」は「志立」

まずは、早稲田の先生方が作られた本の紹介です。『私立大学の源流――「志」と「資」の大学理念――』（学文社、二〇〇六年）という本です。「私立」の特徴は「志立」と「資立」にある、という指摘です。実に上手な捉え方ですね。国公立学校との違いをとてもうまく言い表わしております。

「裏熱」と同じく、これも私の「お気に入り」で、以来、あちこちで使わせてもらっています。とくに感心するのが、「志」です。たしかに私学は「志」から始まります。「志」抜きには、私立はありえません。立ち行きません（拙著『敢えて風雪を侵して――新島襄を語る（四）――』一九頁、思文閣出版、二〇〇七年）。

同書は、代表的な私学として早稲田、慶応、同志社、日本女子、そして東海の五大学を取り上げ、それぞれ事例研究をしています。私は編者のひとり、佐藤能丸《よしまる》先生から、同志社の部分を執筆するように指名されました。私のことですから、同志社は数ある私立大学の中でも典型的な私学だ、と結論づけました。外側も内側も、私学そのものなんです。なぜか――

まず、外側、つまりネーミングの点から言えば、校名からして同志社は、「志」入りの学園です。見た目からして、私立です。同志社は「志立大学」の典型と言えます。校名のど真ん中に「志」が入っていますから。一方、内容から見ても、同志社の「志」、は、他の私学に負けてません。

要するに、結論的に言えば、外側から見ても中身から見ても、私立らしい私立、それが同志社です。

「矜《ほこ》れ、私学！」

ところが、日本では私立のランキング、あるいは評価は、国公立より劣るというのが、大体の常識です。私立に通うことは、たいていの場合、恥ずかしいことでした。同志社も例外じゃありません。

戦後間もなく、同志社総長に返り咲いた湯浅八郎先生は、大学の入学式で新入生と保護者に向かって、こう発破をかけていました。

「私学劣等意識を棄てよ」、「私学の生命は創立精神にある」と（拙著『志を継ぐ――新島襄を語る（十）――』二三二～二三三頁）。そうなんです。「創立精神」こそ、国公立にない私学の生命線です。

最近の例で言うと、村田晃嗣《こうじ》教授です。昨年、本学学長に就任するや、同志社大学の「三つの特徴」のひとつに「私学」を挙げられました（同志社大学HP「Cyber 学長室」）。私立であることを弱点ではなくて、積極的に「売り」というか、武器にして行こうという姿勢ですね。

そう言えば、われらが大学歌（北原白秋作詞・山田耕筰作曲）もスゴイですよ（北原は早稲田大学、山田は関西学院中学部の卒業生です）。「蒼空《あおぞら》に近く　神を思う瞳」で始まる歌詞の中に、「♪矜《ほこ》れ、私学！」という一句が入っています。言い換えると、「♪矜れ、志学！」です。

他学で言う建学精神とか、創立理念は、同志社の場合は、「志」がそれにあたります。私は十年ほど前から授業や講演はもちろん、学内集会のあちこちでそれを訴えてきました。強調してきたおかげで、今ではかなり浸透してきました。市民権を持ち始めています。その証拠に、本学の広報課が作成する大学案内やデジタル情報にも、盛り込まれるようになりました。

たとえば、いま同志社大学HPの大学紹介には、キャッチコピーとして、「全ては一人の青年の『志』から始まった」というタイトルがつけられています。ほかにも、「今なお連綿と息づく新島襄の『志』」という文言も見当たります。

同志社は、創立精神という点では、すこぶる恵まれた位置にいます。

「襄の志」

じゃ、同志社の「志」とは何か、です。ズバリ、「襄の志」です。その際、大事なことは、創立者の新島襄という人が、宗教家であるという点です。一般的には、同志社の創立者だから教育者、と即断されています。これはこれで正しいのですが、本人的には、牧師であるという意識の方が、高いと思います。だから、宗教家半分、教育者半分、といったところじゃないでしょうか。

新島のモットーを見れば、それがよく分かります。

「自由教育、自治教会、両者併行、国家万歳」。

教育と教会の双方が、近代的・精神的文明化を押し進める両輪だというのです。新島は「自治教会」を時に「自由教会」とも言い替えていますから、両者の共通項は「自由」です。つまり、学校（同志社大学）にも、教会と同じ精神が流れているわけです。だから、キリスト教主義教育なんです。

新島は学校においても、教会同様に心や魂を養うことが、不可欠と見ます。「知育」と共に、「徳育」が大事だと確信します。新島はそれを「心育」とも言い替えています。今の言葉に翻訳しますと、「心の教育」です。

つまりは、同志社教育の最大の目的は、キリスト教に基づく精神教育、あるいは人間教育であり、最終的には、人格形成を目指します。こうした宗教に基づく教育こそ、私立（志立！）の特権です。

「ワン・パーパス」

以上のような「裏の志」に共鳴する人を「同志」といいます。同志社は、新島の胸に宿った建学精神に共鳴した「同志」たちが、寄附金（資金）を出し合って創った私立学校（資立学校！）なんです。開校後も、「同志」が働く、応援する、いや、創り出す学園です。

新島の「志」に共鳴した賛同者たちが、それを教育活動に反映させることで、初めて「同志」社の名にふさわしい学園が成り立ちます。そうした「同志」になること、それが教職員スタッフや学生、卒業生に課せられた大事なミッションです。

同志社の歌の中で一番知られているのは、「カレッジ・ソング」です。「ワン・パーパス」（One Purpose）と呼ばれている英語の詩《うた》です。これは、初期の外国人教員が、同志社という校名をOne Purpose Companyと英訳したことに由来しています。

「ワン・パーパス」を日本語に置き換えると、「同志」です。同じ志を持つこと、同じ方向を目指すこと、それが出来ると、私たちは、相互に「同志」になれます。「同志社」の構成員になれます。

「同志社スピリット」とは「志」のこと

今日の私の仕事《ミッション》は、同志社の創立者である新島のメッセージを皆さまに取り次ぐことです。メッセージのキーワードは「志」です。これぞ、「同志社スピリット」です！

ありがたいことに、「志」あるいは、「同志」という用語は、一昨年（二〇一三年）の大河ドラマ、

「八重の桜」の中で、ここぞという時に顔を出しました。大きなインパクトを与えてくれた好い例が、「八重の桜」第三十六回です。

問題の回は、九月八日の放映で、この日は同志社の開校が主題でした。タイトルは、「同志の誓い」でした。時代考証のために前もってＮＨＫから貰っていた台本では、原題は「八重の誓い」でした。それが、実際の放映では、「同志の誓い」に変更されていました。

「八重」から「同志」への変更、これはヒットでした。原題は、おそらく八重（綾瀬はるか）の出番を多くしたい、あるいは、主役としての働きを前面に押し出したい、といったスタッフの願いからつけられたのではないでしょうか。

「同士」ではなく「同志」

それが、最終的には「同志」という言葉に切り替えられました。実は、最初の台本では、本文でも「同士」という言葉があちこちで使われていました。同志社の成り立ちを考えると、ここは「同志」という文言の方が、圧倒的に適切です。インパクトやアピールの度合いが、まるで違ってきます。

そこで、私はＮＨＫスタッフに対して、文言の変更を進言いたしました。幸い、認められました。それればかりか、その日の番組タイトルにまで「同志」という文言が入りました。ので、私としては大満足でした。

今日のお話しでも、なぜ「同士」じゃなくて、「同志」にこだわるのか、この点についても触れてみます。

同志社開校の立役者

ドラマ「同志の誓い」のハイライトは、学校の命名シーンでした。仏教徒や耶蘇《やそ》嫌いの市民の反対を押し切っての開校だけに、当事者たちの喜びは、大変なものでした。

開校場所が、また大事です。伝統的宗教の本山がひしめく京都、くわえて歴代の天皇が連綿と住まった聖なるミヤコです。しかも校地は、今の京都御苑に隣接する地です。そんな場所に、こともあろうについ二年前まで禁制であった耶蘇教が、バテレン（宣教師はそう見られたはずです）まで加わって学校を開くというのですから、これは誰が見ても不釣り合い《ミスマッチ》、いや、奇跡に近い出来事でした。

新島が山本覚馬《かくま》（府知事顧問）と出会い、彼の協力が得られたからこそ、開校できました。府庁から認可をとったり、校地として自分の所有地（旧薩摩藩邸）を提供したり、ということができる人材は、覚馬以外には見当たりません。ついで、新島は覚馬の妹（八重）とも結婚できたんです。つまり、同志社開校時、日本人の中では、覚馬は新島の最大の「同志」でした。

覚馬が主導

同志社の京都開校は、「比叡山を琵琶湖に移すようなもの」とか、「人間が空を飛ぶようなもの」とか、言われたほどの奇跡です（D・W・ラーネッド『回想録』八頁、同志社、一九八三年）。最初から夢想してもいけないほどの難題、あるいは、とんでもない白日夢でした。

そうした同志社と京都のミスマッチを、ラブマッチに大転換させた人こそ、覚馬でした。京都府庁に出した「私塾開業願」に名を連ねた発起人（結社人）は、新島と覚馬のふたりだけです。注目すべきはこの時の新島の肩書で、「山本覚馬同居」となっています（①五）。

覚馬という京都府庁の要人が、自宅に下宿させて、面倒をみてやっている青年と組んで学校を創る、というのですから、信用度は抜群です。そりゃそうでしょう。アメリカ帰りの新島は、ミヤコでは、「どこの馬の骨」でしたから。いえいえ、京都どころか、「日本国民一般に於《おい》ては、新島襄は全く無名氏であった」のです（徳富蘇峰『三代人物史』四九七頁、読売新聞社、一九七一年）。

多少とも知られているとしたら、耶蘇教の牧師《ぼうさん》というマイナスイメージくらいですから、怪しげな存在、いや不審人物扱いですよ。

そうした事情を考えると、むしろ新島を前面に出さないほうが、得策です。知事から「山本先生」と敬われていた覚馬主導の方が、対外的には事を運びやすかったはずです。だから、校名を「同志社」としたのが覚馬であっても、ちっともおかしくありません。

実は、同志社の学校名は誰が決めたのか、記録的には（特に公文書では）確認できません。ですが、伝承ではすべて覚馬です。逆に、新島が名づけた、という記録は皆無です。伝承すら不在です。ので、ここは覚馬が発案した、と結論づけていいでしょうね。ドラマでもそうした作りになっていました。

その点では、大筋で事実に即しているのでは、と思います。

「同志」が結社

「八重の桜」で校名を命名するシーンは、感動的でした。「同志社」と筆で書き下《くだ》した半紙を、覚馬は八重に披露させます。ここも最初の台本では、八重にその場で書かせる、という設定でした。

ドラマで、覚馬や襄、八重たちがやりとりをした会話の一部を紹介します。今日は台本を持ってきましたので、台本通りに読み上げます。（　）内は、台本にはありません。私が今日のために付け足したト書《とが》きです。

覚馬「学校の名前を考えてみだ」（と言って、半紙を出させる）
襄（それをゆっくりと読み上げる）「同・志・社」
覚馬「新《あだら》しい日本を作りたいという同志が集《あづ》まる学校だ」
襄「いい。いい名前です」
八重「同じ志を持つ者、ですね」

以上です。

ここにあるように、同志社は「同じ志を持つ者」、すなわち「同志」が創る学校なんです。もう少していねいに言うと、「新島の志」に共鳴した「新島の同志」が結集し、起業した学校です。

「同志」こそ、キーワード

校名からもすぐに推測できるように、「同志」という言葉は、「志」同様に同志社にとってはキーワードです。こうした伝統をドラマはちゃんと踏まえて、他のシーンでも、セリフが考えられています。

たとえば、一八七五年秋に同志社を開校した際、最初の入学生に校長が与えた言葉、つまり第一回入学式での校長式辞です。台本では、新島のセリフは次のようになっております。

「この学び舎《や》で共に生き、学び、成長していきましょう。あなたがたは、私の同志です。同志諸君、ようこそ」。

記録や草稿は残っていませんから、もちろん創作です。が、よく出来ております。私の作文じゃありません。NHKが考えてくれました。

新島にしてみれば、ほとんど初対面の生徒、学生諸君なんですが、いきなり「同志」扱いです。最初の入学生はわずか八人でした。翌年、三十人をこえる生徒、学生が熊本洋学校から入学、転校してきます。世にいう「熊本バンド」です。彼らこそ、さらに「同志」の名前に値します。

なぜなら、「熊本バンド」の学生たちは、学校の基盤を作るという点で、すごい働きをしましたから。ので、宣教師（外国人教員）によって、彼らは創設者リストの一角に位置付けられるくらいです。

自分に背く学生さえ「同志」

一方、新島も「熊本バンド」の面々を大事にしました。「八重の桜」では、このバンドは、「過激な転校生」というタイトルで話題になりました。これも、当初の台本では「熊本からの転校生」というおとなしいテーマでした。これをその後、変えたことも、ドラマ的には成功していた、と思います。

生意気盛りの「熊本バンド」は、新島校長すら眼中にありません。ホントに憎たらしいくらい無礼千万、というか傲岸不遜《ごうがんふそん》でした。視聴者からは、「あんな奴ら、退学にせ～」との反応がありました。けれども、襄はキレません。忍耐します。そして、受け止めます。

ここが、襄の偉いところです。実に寛容です。これはなかなか、真似ができません。彼は、一昨年、高視聴率をとった人気ドラマ（ＴＢＳ）の主役、半沢直樹のように「やられたらやり返す」ことは、しません。「倍返し」を封じます。それどころか、むしろ「恩返し」しようとします。

自分に対して激しく抵抗、攻撃する「熊本バンド」を新島は決して敵視しません。かえって大事な「同志」とみなそうとします。新島は、至るところで同志を次々と生み出して行きます。こうして生まれた同志の働きとして、同志社が成り立っていく、と受け止めます

志をつなぐ

新島には、そのために最初の「一粒の麦」になる、という覚悟がありました。将来いつの日か、陽の目を見る同志社大学の「初穂」になるための種播《たねま》きでした。その背景には、後に続く大勢の「同志」が、自分を踏み越えて前進してくれるはず、とのゆるぎない信念と強い期待がありました。

たしかに新島は、独力で、あるいは自分一代で同志社大学が創れるとか、創り上げられるとは、ま

るで思っていませんでした。「大学ノ目的ハ、一時ノ急ニ応スル位ノ事ニアラス。又、小生等一代ノ仕事ニアラス。累代《るいだい》志ヲツキ〔継ぎ〕、他年、盛大ナル大学ニ至ラシムルノ目的」なり、と承知しております（④一一八。傍点、ならびに〔　〕は本井）。

「志を継ぎ」とある点に着目してください。要は、自分の「志」を次世代に繋いでもらうことを新島は期待しております。

新島が夢見た学園は、クオリティがベストであるばかりか、見た目も麗しくあってほしいのです。そのために私たちは、新島の「志」（ワン・パーパス）を受け継ぐひとりとならねばなりません。同志社を同志社にするために、です。「同志」による毎日の地道な取り組みに期待したいものです。會津八一が「学規」で愛用する文言を借りると、「日々新面目あるへし」ですね。

新島の志を継ぐために、時々は「襄熱」チャージ。これ以外に同志社を不滅にする秘策など、どこにもありません。

（同志社大学スピリット・ウィーク、今出川校地良心館、二〇一五年六月三日）

志 in 同志社

『文学部唯野教授』

ベストセラーとなった『文学部唯野《ただの》教授』（一九九〇年）は、本学出身の筒井康隆氏の小説です。その後、これに触発されて、今野《こんの》浩『工学部ヒラノ教授』（二〇一一年）というのが、出ました。こちらは、東大出身の工学博士で、東工大名誉教授です。

ランキングでは、どちらの作品が優勢か、知りません。外国語訳では、「文学部」がフランス語、ドイツ語、中国語に訳され、「工学部」を圧倒してます。が、それとは無関係に、私は「平野」先生さようなら、「唯野」先生こんにちは、です。ヒラノ派じゃなくて、文句なしに唯野派です。なぜか。

京田辺キャンパスに来るたびに思い出すんですが、六十歳を過ぎて突然、神学部に呼ばれて教授になった時、こちらのデイヴィス記念館で行なわれた入学式で登壇するのが、私の初仕事でした。で、四月一日に初出勤する途上、京阪と近鉄の車中で、『文学部唯野教授』を読みました。虚心坦懐に、です。

今日から目指すのは「オレガ教授」ではなく、「タダノ教授」だ！と思ったからです。初心を忘れないように、すぐに活字にもして、「有言実行」宣言をしました（拙著『千里の志――新島襄を語る

（一）――』一九九頁以下、思文閣出版、二〇〇五年）。

あの時、決断したことが、ついこの間のように思われます。教授になっても、いつまでも「タダノ」であり続けたい、けっして「オレガ」には上昇転化しない、と。

そのためには、どうすればいいのか。私にとっては、やっぱり新島襄をマネするのが一番手っ取り早い。で、スピリット・ウィークですから、その種明かしを兼ねて、新島トークにトライしてみます。しばらく、おつき合いください。

「タダノ校長」

新島という人は、「タダノ校長」がまさに板についた教育者でした。天然、と言いたいくらい、実に自然体に、なんです。けっして偉らぶらない、驕《おご》らない。他人をバカにしない。そう、謙虚すぎるくらい謙虚です。

だから、校長意識や牧師意識など、まるで持ち合わせていません。まして創業者とか、オーナーといった感覚など、無さすぎます。それに、誰に対しても平等で、人をけっして差別しません。まさに「一視同仁」です。

この点は当時、一部の在学生からは、むしろ反感を買ったくらいです。とくに「熊本バンド」みたいに豪快な学生からは、バカにされました。威厳がない、頼りない、男らしくないとか――

この背景には、新島が信奉した「会衆派」（Congregationalism）というプロテスタント教派の特性が、ものを言っております。自由主義や民主主義、さらには平等主義をどの教派よりも大事にするプロテスタントの一派（セクト）です。

ですから、会衆派信徒として、新島は熱烈な自由主義者、平民主義者であり、同時に民主主義の信奉者です。そのため、相手がどのような人でも、――学生であれ、知事、用務員であれ、女性であれ首相であれ――その対応はまったく同じ、という稀有の人物でした。

人の上に立ち、他者を権力で抑えつけたり、肩書で支配したりすることは、いたしません。上から目線すらありません。英雄やら豪傑からは程遠い存在です。むしろ、人に仕えたり、奉仕したりするほうが、自然であり、得意でした。

こうした新島校長の特異性について、長く同僚であったD・W・ラーネッドは、こう証言しています。

「新島先生には決して名誉を求むるの心なく、又、同志社の校長として、権力を振り廻はすといふ心も決してなかったので、全く利己心を捨て、、人の為に働くといふ心を以て、学校の為に生涯を費されたのであります」（D・W・ラーネッド『回想録』一一頁、同志社、一九八三年）。

すべては「同志諸君」のおかげ

にもかかわらず、生前から同志社は「新島氏の学校」と、しばしば言われました。ラーネッドは、はっきりと、「それは間違い」と断定します（*The Missionary Herald*, Apr. p.145, ABCFM, 1890）。そのことは、本人が誰よりも一番、自覚しております。「新島が作った学校」と言われるのは、新島としてはきわめて心外、いや、不本意だったと思います。それが最も鮮明に表われているのが、遺言です。とくに次の一節です。

「従来の事業、人或ハ之《これ》ヲ目して、余の功とす。然《しか》れども、是《これ》皆、同志諸君の翼賛《よくさん》ニよりて出来たる所ニして、余ハ毫《ごう》も自己の功と信せす。唯、諸君の厚情ニ感佩《かんぱい》す」（④四〇四）。

あくまでも、「同志諸君」礼賛です。実は、最初の口述筆記では、ここの所は「諸君」だけでした。あとで「同志」を特に書き加えさせています。心情的には、同志への深い感謝をなんとしてでも表明したかったのです。

自分の「神通力」も否定しています。人間的にほめるべきは、わが同志、すなわち、新島の志に共鳴してくれる人、すなわち賛同者です。

立志の必要

同志社にとって、「志」はキーワードです。なにしろ、校名のど真ん中に入ってるくらいですから。同志社の志は、「襄の志」から始まっています。「夢」、あるいは「宿志」と言い換えてもいいだろう、と思います。新島襄は生前から、後に続く人たちが、自分の夢（宿志）をきっと実現、完成してくれるはず、と期待していました。そのためには、たとえ些細《ささい》でも「一粒の麦」を撒いておくことが必要だ、というのです。

麦とはもちろん新島自身を指します。新島の生涯は、いわば最初の一歩、あるいは種撒きで終わってしまいました。だから、失敗の人生であったか、と言えば、そうじゃないですよね。途中で倒れることは、新島には「想定内」のことだったはずです。

大事なことは、まず「志」を立てること、つまり立志です。今出川キャンパスにあった同志社中学校が、先年（二〇一〇年）、岩倉キャンパスへ移転する時、私はメインの校舎であった「立志館」を、名前だけでも岩倉に移すことを当時の山田興司校長に強く進言しました。

その結果、幸いにも岩倉には「志」が入った校舎が、三棟（桑志館、宿志館、立志館）揃いました。ロケーション的にも、「志のトライアングル」を形成しています。そして中学校跡地（チャペル前）には、「立志」と刻んだ石碑が、記念に建てられました。

学生へ最後のアピール

新島は学生たちに、くりかえし志の大切さを訴えます。最後のスピーチは、死去する三か月前のことです。全校の学生が、学内のチャペルに臨時に呼び集められ、新島のスピーチを聞きました。新島は、「常とは変って羽織袴《はおりはかま》の和服姿」でした。そればかりか、「顔面憔悴《しょうすい》」のうえ、「白布で頸《くび》を巻かれ」た、という異常な装束です。

学生一同は、何事かと仰天します。新島はおもむろに口を開き、まず、学生たちが日ごろ捧げてくれている同志社大学設立募金への礼を述べます。ついでこう哀願する。

「自分は近く、病を犯《おか》して、東上〔関東出張〕の途につかんとして居る。同志社大学設立の挙は、遷延《せんえん》日を重ねるに忍びないからだ。思ふに前途遼遠《りょうえん》、到底この病身で目的成就は六カ敷《むつかし》からう。半途で倒れた自分の志を継ぎ、同志社大学の挙を完成して貰ふのは、諸君を措《お》ひて外《ほか》にはないと思ふ。諸君、何分《なにぶん》よろしくお頼みする」。

「同志社大学の完成は、一代や二代でなる仕事ではない。斃《たお》れて後ちも止まざるは、自分の決心である。自分をして斯《こ》の不退転の志を達成せしむるは、諸君である。諸君、何分宜《よろし》敷くお頼みする」

(『新島先生記念集』一〇九頁、〔 〕は本井、以下同)。

「不退転の志」を受け継ぐ

新島は必死の形相《ぎょうそう》で、「不退転の志」を学生に披瀝したのです。気分としては、まるで「遺言」です。たしかに、これが現役学生への最後のスピーチになりました。

新島が訴えたかったこと、それは、自分の宿志を後続の誰かが受け継ぎ、成就してもらいたい、という一点です。学生たちは、病人の口から出る一言一句を決して聞き漏らさじ、とばかり「全身を耳にした」のです。その時、現場にいたひとりが、牧野虎次でした。後の同志社総長です。彼は、古希を迎えてから、「この譲られたるバトンを〔新島校長から〕受け継ぐべき有為の士の輩出を待つや、切なり」との待望を表明しています(同前、一〇九～一一一頁)。

新島の志というバトンを受け継ぐ者こそ、新島の「同志」です。新島はこうした「同志」が、自分の死後も次々と現われることを確信していました。そのために彼は、生前から、“a Niijima”（新島のような人）、あるいは「新島似の人物」を生みだすことに専念いたしました。

その証拠となりそうなエピソードが、ひとつあります。

高官から仕官のオファー

京都に同志社を開校したまではよかったものの、反対勢力に抵抗されながら、学園の経営に腐心していた当時、東京のある政府高官から「政府に出仕しないか」との熱心な誘いがありました。

首都を東京に奪われた後、寂《さび》れ行く一方の京都あたりに引っ込んで、塾みたいな学校をシコシコと経営するのは、貴君のような才能と学歴の持主には、不得策ではないか。むしろ思い切って中央に出て「日本大政府の上に立ち」、日本全体の教育行政のために働いたほうが、ずっといいではないか、というオファーです。

この高官とは、岩倉使節団の一員だった田中不二麿《ふじまろ》でしょうね。彼は当時、留学中の新島を同伴して欧米の教育視察をした「文部理事官」ですが、その間、文部省に入ることを再三、執拗に誘っています。オファーに対する新島の返事は、「否《ノー》」でした。新島はあくまで「私立」（志立！）にこだわったのです。

さらに初代駐米公使とも言うべき森有礼からも、文部省入りを勧められました。森は田中同様に、留学時代の新島から大変、助けられています。でも、森の願いも、新島は断っています。

給料のことを考えると、最初から官の世界へ進めば、あるいは途中で転職すれば、私塾の校長の数倍は貰えたでしょうね。ステイタスも違います。場合によっては、札幌農学校の校長（今なら北海道大学総長）、あるいは、森（新島より四歳齢下です）に代って初代文部大臣になっていたかも知れません。ですが、「出仕」、それも超高級国家官僚になる道は、自ら封印しました。なぜか。牧師兼教育者として働くことを使命としていた新島ですから、国公立の学校では、「心育」や「魂の教育」、すなわち宗教教育に基づく人格教育（人間形成）を行なうのは無理、と確信していたからです。

千百の新島を生みだす

このあたりの新島の確信は、高官への返事（返信）から鮮明に窺えます。次のような内容であったと伝わっています。本人の言葉そのものじゃなさそうですが、『新島襄全集』には未収録ですから、関係個所を参考までにここに引用します。

「貴諭の段に付ては、小生も全く考へざりしもあらざれと、若《も》し仮に襄が今、朝《ちょう》〔政府〕に立ちて何程の事をか取ると仮定せしに、其《その》事業たる、実に言ふに堪へさる程の小さき事たるに過ぎざるべし。左《さ》れとも、若《も》し国の一隅に引退して、幾多有為の士を教育し、之《これ》をして出でて社会に立たしむることを得るに於《おい》ては、只々一人の新島のみならす、千百の新島が国家の為めに働くに至るべし。此《こ》れ、小生が畢生《ひっせい》の目的とする所なり云々」（原著者不明・山内英司編『新島先生逸事』一頁、傍点は本井、私家版、一九九二年）。

新島には、役所（文部省）や官立学校で働くよりも、たとえ貧しくても、たとえどんなに小さくとも、キリスト教主義の私塾をまず立ち上げることが先決でした。だから、大臣になることは、眼中にありません。

森文部大臣が来校したさい、傲岸な態度に呆れたこともあって、新島は「たかが大臣で、なぜあれほど威張るのか」と嘆いたといいます。そうなんです。大臣だって、新島にすれば「タダノ」大臣なんです。新島の自意識も、「タダノ」校長でした。だから、一代で私塾を大学まで昇格させる能力も手腕も持ち合わせていない、と自覚していました。では、どうするか。

「千百の新島」を育成しておけば、彼らが後継者となって、自分の死後、自分の宿志である私学を継いで、大成してくれる、との期待が、新島の胸には当初から宿っていました。要は、そのための「同志」をいかに生み出しておくか、です。

同志には、もちろん男女差なんてありません。先日、昔の教え子から、「先生、あの頃から卒アルに新島先生《せんせ》のこと、書いてはりましたね」と言われました。あわてて二十数年前の同女（同志社女子高等学校）卒業アルバムで確認してみたら、たしかに、毎年、同じ餞《はなむけ》の言葉を書いていました。

この学園から、「新島襄の志を志とする『襄の娘』が起り来らんことを」と。

「志を継ぐ」のは誰か

新島は、亡くなる三か月前、ドクターストップを振り切り、病気を押して関東へ発ちます。横浜や群馬県で大学設立の（最後の）募金活動をするためです。しかし、予想されたかのように前橋で倒れ、大磯で療養します。

が、そのまま立ち直れないまま、四十六歳で死去します。宿志の大学設立という夢は、こうして挫折してしまいました（同志社が大学になるのは、新島死後二十二年経ってからのことです）。

前橋で彼は、旧知の新井亳（群馬県在住）に宛てて手紙を出しています。その中には次の歌が詠み込まれています。

斃《たお》るれど其《そ》のこころ根の枯れされは
　また来る春に花そ咲《さく》らむ

新島は、この歌にふたつの意味をこめた、と自身、語っています。ひとつは、挫折や失敗はあるものの、自分は決して失意落胆はしない、いずれ再挙を必ず計りたい、という強い決意表明です。

もうひとつの狙いは、「大望」を遂げる前に病魔に侵されてしまった。しかし、たとえ斃れることがあっても、「誰カ余之志を継ぎ、此事業を成就セしむるあるへしと陳《の》へたるなり」。

両者を合わせてみると、「兎《と》ニ角《かく》、小生ハ死ニ至る迄も、必らす為すの決心に有之候《これありそうろう》間《あいだ》、小生之心事を知り賜ふ貴君ニハ、此の歌の意も、御了解あるへしと存候」（④二六二）。

「同志」への期待

ここでは、「必らす為す」という固い決心だけじゃなく、「余之志を継ぎ」という文言にも注目してください。「同志」が起り来らんことを望む気持ちが、表明されていますから。前に紹介したように、新島は、大学の設立は「小生等一代ノ仕事ニアラス。累代志《るいだい》ヲツキ、他年、盛大ナル大学ニ至ラシムルノ目的」なり、と長期戦を覚悟しておりますね（④一一八）。ここでも「累代志をツキ〔継ぎ〕」と言っております。

教え子の徳富蘇峰や増野悦興《ましのよしおき》にも、「同志」が必ず引き継いでくれる、という確信を伝えています。「縦令《たとい》、小生斃ルヽモ、皇天必ラス生ニ代ルノ人ヲ起スベシ、ト固ク信シテ疑ハス。断然、戦地ニ趣〔赴〕クノ用意ハ致居候」（③五四三）。

「予、一《ひと》たび死す。必ず我党中、起て予が志を継ぎ、之を成就する者あるべし」（拙著『敢《あ》えて風雪を侵《おか》して』三六頁）。

「戦地ニ趣〔赴〕クノ用意」とありますから、討ち死に覚悟です。募金活動は戦場での戦闘のようなものでした。そして、覚悟したとはいえ、待っていたのは戦死です。けれども、「志」を残しての挫折でした。

同志社を同志社とするには

以上で新島の篤い想いは、ほぼ分かっていただけたと思います。しかし、それを受け継ぐのは、大変です。同志社の図体《ずうたい》がこれだけビッグになりますと、どことなく安心感や気の緩みが漂い始めます。法人同志社が経営する学校の数は、幼稚園を含めると十四校になりました。

人数で言えば、学園全体では四万人をはるかに超えます。ちょっとした地方都市の規模です。大学をとってみても、二つの大学（同志社大学と同志社女子大学）の学部の数は、今年度、延べで二十になりました。驚くべき数字です。

だから、ほっておいても学園は未来永劫《えいごう》まで続くような気分になりがちです。これはダメですよ。錯覚しないでくださいね。不滅や安泰なんてことは、自動的に生まれるもんじゃありません。

なぜなら、同志社を同志社にしようとする努力や試みが、なされなくなると、やがて内部崩壊が始まります。努力がなければ、「ただの学校」に朽ちて行きます。そうすれば、本来の特性が消え失せて、普通の大学、ありふれた学校に成り下がります。いや、最悪の場合には、周囲から見捨てられ、廃校せざるをえません。

これが、十九世紀の開校当初であれば、事情は違います。なにしろ、（当時の宣教師が見るように）「侮蔑と嘲笑の対象」だったのですから（*The Missionary Herald*, Apr. p.146, ABCFM, 1890）、スタッフは必死になって外圧に対抗して取り組まないと、学校は潰されます。

二十一世紀になっても、そうした心構えが変わったり、闘うエネルギーが枯れたりしてはなりません。意図的に同志社にしようと頑張る「同志社人」がいる限り、同志社は制度的にも精神的にも朽ち果てません。むしろ、理念的にはいよいよ拡大、発展するはずです。

新島の目算では、ソフト面を含めて、学園を完成させるまでには、そうした努力が三百年（これまでの伝承では、なぜか二百年）は必要だ、というのです。

「志」が抜け落ちると——

「裏の志」が抜け落ちて、同志社が「同社学園」になってしまうと、外見はともかく精神的には、もはや新島の志とは無縁の組織です。将来、そういう日が来るようなことがもしあれば、看板を書き換えてください。新島の「志」を大切に考えるならば、それが抜けた後の学校の名前は「今出川《いまでがわ》大学」とか、「御所北《ごしょきた》女子大学」にでも改名すべきでしょうね。

つまり、同志社が引き続き同志社であるかどうかは、新島の「宿志」が受け継がれているか、いないか、これで決まります。新島の死の直後に開かれた追悼集会で、あるクリスチャン・ジャーナリスト（竹越三叉《さんさ》）が、こうアピールしております。新島の「宿志」が代弁されていますから、引いてみます。

「新島先生を記念するために集まられた皆さん。どうか皆さんは、新島先生の志をついで、日本国民を偉大と正義と高潔と剛毅に満ちた国民にならせるように努めて下さい。これこそが、新島先生を記念する最上の道であります」（J・D・デイヴィス著、北垣宗治訳『新島襄の生涯』一六四頁、傍点は本井）。

これはとりもなおさず、このスピーチから百二十数年後の今日、ここにいらっしゃる皆さんへのアピールでもあります。

「吾人の志を助けよ」

最後は、新島自身の言葉です。ふたつ紹介します。いずれも、神が新島の中に起こした「志」と言えます。ひとつは、学外向けのアピールで、例の「同志社大学設立の旨意《しい》」を締めくくる最後の文です。教え子の徳富蘇峰が、新島の意を汲んで書き上げた名文です。

「願くは、皇天、吾人《ごじん》が志を好《よみ》し、願くは世上の君子、吾人が志を助け、吾人が志を成就するを得せしめよ」(①一四一)。

さすが、恩師と一体の蘇峰だけのことはあります。たったひとつの文の中に、「志」がなんと三度も使われています。「同志社大学設立の旨意」の面目が躍如《やくじょ》とする一文です。

ここで言う「吾人の志」とは、もちろん新島の「志」を源流とする同志社の創立理念です。学内の人間も、無関心ではおれません。

志を継ぐ

もうひとつは、学内向けのアピールで、在校生に向かって発せられたものです。冒頭で紹介したのですが、大事ですからもう一度、繰り返します。

「半途で倒れた自分の志を継ぎ、同志社大学の挙を完成して貰ふのは、諸君を措て外はないと思ふ。諸君、何分よろしくお頼みする」。

これは学生に向けて発信されたものです。ここからは、超人というか、スーパースターには程遠い新島の姿が浮かんできます。万能の「オレガ」校長なら、こんな弱音は吐きません。「タダノ」校長だからこそ、腰を低くして、学生にお願いします。

この時の新島のアピールは、新島の後に続く教職員、だから今のスタッフにももちろん、そのまま当てはまります。新島の「同志」になるべき人と言えば、まずは学生、教職員、卒業生、ならびにその家族、さらには教会員（信徒）が中核になるべきでしょうね。

先年、同志社が新町キャンパスの南にあるホテル（レジーナ京都）を買収して、校舎に転用したさい、ネーミングをどうするか、で私に相談がありました。私は迷わず、「継志館」という館名を提案しました。「継志」という言葉を、学内のどこかに見える形で刻んでおきたかったのです。これがやっと実現しました。今出川に行かれたら、一度、確認してください。

「継志」重視は、個人的にもそうです。「新島襄を語る」という講演集を十年前から出し始めて、来月（はやければ十一月十四日、遅くとも同月末の同志社EVEには）、ひとまず完結します。第一巻は、『千里の志』でしたので、切りのいい第十巻は、『志を継ぐ』で締めよう、と前から決めていました。「立志」に始まり、「継志」に至る「志シリーズ」というわけです。

「諸君、何分よろしくお頼みする」

そして、結論です。同志社の完成には三百年（普通、二百年と言われてますが、誤伝です）、と新島は予測、いや覚悟していました。新島は「宿志」の完成をすべて後続の者に託しました。それからすると、私どもの学園は現在、たかだか創立百四十年ですから、まだ折り返し地点にも届いておりません。建設途上もいいとこです。

つまり、新島の志を実現したり、敷衍《ふえん》したりする余地は、まだまだ学園の中に残されています。私たちには、やるべきことがいっぱい残されている、ということです。じゃ、何から手をつけたらいいのか。

まずは新島の「志」に触れ、それに共鳴し、それを受け継ぐ「同志」となる。ついで、「同志」リレーよろしく、賛同者たちがバトンを次世代に送り届ける。こうして、「ひとつの目的」すなわち「ワン・パーパス」を軸に関係者が連帯、一致、協働する。それが、創業者から私たちに与えられた課題、宿題です。

新島の「志」を軸にする「同志社スピリット」が受け継がれる限り、同志社は「不滅」です。皆さまの奮闘が待たれます。新島襄は皆さまにこう懇願しておりますよ。

「諸君、何分よろしくお頼みする」と。

「奇しき御手《みて》、汝を導かん」

もし、あの新島先生からこんなふうにお願いされたら、皆さま、どうされますか。大半の人は、不安を抱くのじゃないでしょうか。ですが、大丈夫ですよ。皆さまのこれからを基底で支えてくれるエールが、寒梅館ハーディーホールの壁に飾られています。

第一回卒業式での校長式辞に出て来る文言——新島が締めくくった英文メッセージです。Go, go, go in peace. で始まるアレです。私訳しますと、「行け、行け、行け。心やすらかに。雄々しかれ！奇しき御手《みて》、汝を導かん」です。

なにしろ、この「奇しき御手」は、新島その人を終生、護り支えてくれたのです。少なくとも、彼はそう確信しています。当時の教え子や卒業生を始め、自分の後に続く者をも必ずや守り、導いてくれるはずだ、と固く信じておりました。ですから、私たちも「志 in 同志社」の実現を目指して、「同志」に至る道のりの第一歩を、雄々しく踏み出したいですね。

すべては同志社を同志社にするために、です。

（同志社大学京田辺スピリット・ウィーク、知真館、二〇一四年一〇月二十九日）

クリスマス・ツリーものがたり

――地上の星＠同志社――

ベツレヘムの星

いよいよ今出川キャンパスも、クリスマス・ツリーの出番ですね。樹はモミではなく、ヒマラヤ杉《シーダ》（マツ科ですって）です。で、しばらくの間、「ヒマラヤ杉ものがたり」におつきあい下さい。

本学のイルミネーションは青と白を基調にした落ち着いた色調です。本書カバー写真をご覧ください。けっしてケバクはありませんよね。それに実物は写真以上に迫力があります。誇大広告風に言えば、「京都最大級」です。

これに匹敵するのは、ＪＲ京都駅の巨大ツリーでしょうか。あちらは高さが二十二メートル、電球は十二万個と聞いております。同志社の場合は、地上から頂点の「ベツレヘムの星」まで二十三メートル、取り付けたＬＥＤ電球は一万三千個です。高身長のうえに、なにしろ大学西門から入ってすぐの所ですから、古都のメインストリート（烏丸《からすま》通り）を往き来する車や歩行者からは、「丸見え」です。

山田和人《かずひと》教授（文学部）の提唱で、二〇〇〇年に電飾を始めた時のツリーは、西門にさらに近いヒマラヤ杉（初代）でした。高さは二十メートルでしたが、当時は「京都一の高さを誇る華麗なツリー」と評判でした（山田和人「ヒマラヤ杉」、『同志社時報』一一二、口絵頁、二〇〇一年一〇月）。

二年前（二〇一三年）からは、そこから十数メートルばかり奥に入った別のヒマラヤ杉（二代目）に乗り換えました。同志社中学校が岩倉キャンパスに移転した後、二〇一二年末に新彰栄館などを取り壊した跡地の一部が、新たに広場（サンクタス・コート）になりましたので、その中に聳える一本（初代より背が高い）が、二年前から主役になりました。

この広場のロケーションは最高で、北に良心館、東にチャペル（同志社礼拝堂）、南は図書館、そして西は彰栄館に囲まれた一等地です。チャペルにも近い点は、注目しておいてください。

ライトアップ

ツリーのイルミネーションは、始めてからもう十数年になりますので、すでに京都の風物詩になっています。最初に手掛けた頃、市民の中には、「同志社もクリスマス、始めはったんですか」と怪訝《けげん》そうに尋ねた人がいた、とか。たしかに近年はこの時期、ホテルやデパートを始め、どこも「発光」に躍起になっていますので、ついに同志社も商業主義に毒され、世相に追随するようになったのか、と思われても仕方ありませんね。

けれども、同志社こそもともと本家なんですから、もっと早くから始めるべきだったのでしょうね。そもそも京都でキリスト教を初めて説いたのは、新島襄と宣教師のJ・D・デイヴィスですから、ツリーの電飾も元祖や本家であっても、ちっともおかしくはありません。

キャンパスのライトアップに関しては、ツリー以外でも同志社は意欲的です。年間を通して、五つのレンガ建物（いずれも重要文化財）が夜空に浮かぶ景観は、私たちの目を楽しませてくれています。

点灯式で歌う学生聖歌隊

今夕は、ことしのクリスマス・ツリーの点灯式でした。お恥ずかしいしだいですが、私が現場に立ち会うのは、実は今日が初めてです。それも「牛に引かれて善光寺参り」みたいな勿怪《もっけ》の幸いでした。きっかけは、キャンパス内のファミマで買い物中に、もとから馴染《なじ》みのあった旧友にたまたま「遭遇」し、誘われた結果、遅まきながらの見物が実現したというわけです。

おかげで、「乙な気分」に浸れました。

現場では学生聖歌隊はもちろん、ツリーを取り巻くギャラリーの中に、顔見知りの神学部学生が大勢おりました。イルミネーションに照らされた彼らの表情からは、同志社がキリスト教でよかった、という幸福感やら満足感が伺えます。たしかにこの時期は、同志社がいちばん同志社らしく輝くシーズンですね。

点灯期間は、十二月二十五日までです。それまでの三十数日間というもの、ツリーの傍を通り抜けたり、下に潜りこんで写真を撮ったりする学生たちも、信仰の有無を問わず、同じような気分をちょっぴり味わうのじゃないでしょうか。チャンスは私たち全員に平等に与えられているわけですから。

サンクタス・コート

中学校の跡地の一部が広場になり、「サンクタス・コート」と名づけられたのは、なぜか。「サンクタス」（Sanctus）というのは、ラテン語で「聖なる」という意味です。ので、この広場は、一種の聖域（サンクチャリー）であってほしいといった願いが込められているんでしょうか。お天気がいい日の芝の上は、のびやかムード一杯の学生たちのたまり場になっていますよね。

だからクリスマス・ツリーにも、もってこいのロケーションです。ちなみに、この樹のすぐ近くには、一昨年二月に植えたばかりの「保容桜《かたもり》」も二本、並んでいます。大河ドラマ「八重の桜」（二〇一三年）ゆかりの桜です（写真は拙著『八重の桜・襄の梅』口絵④を参照）。

あの時は、わずか八十センチくらいの幼木でしたが、手入れの良さと陽当たり抜群だからでしょうか、すでに樹高は四メートルに迫っています。この分では三、四十年もすれば、相当の大木になるでしょうね。そうなれば、このサンクタス・コートは将来、春はお花見、冬はクリスマス・ツリーが楽しめる一画《コーナー》になりそうです。

キャンパスのヒマラヤ杉は、一見して樹齢百年を越す大木です。まさか薩摩藩邸時代の生き残り、と早合点する人はいないと思います。同志社人が植えたんですよ。よくぞ植えておいてくださったものと思います。感謝をこめて、植樹の経緯や消息をこの際、きちんとまとめてみます。

植えた人の名前は分かっています。同志社の教員であった波多野培根《ますね》、三輪源造《げんぞう》、久永機四郎《きしろう》（鉄蔵）、加藤延年《のぶとし》です。この四名は、同志社普通学校在学中に宣教師（同志社教員）のD・W・ラーネッドから同時に洗礼を受けましたので、その記念として、後年、ここに植樹しました（加藤延雄『わたしと同志社――回顧八十年――』二六頁、加藤延雄先生遺稿集編集発行会、一九八〇年）。キャンパスにある樹齢百年を超える巨木で、来歴がきちんと分かっているのは、ほかにはほとんどありません。

ツリーを植えた時期

ところで、信徒や牧師にとっては、洗礼を受けた日は、言うならば第二の誕生日です。肉体の誕生日に対して、魂が生まれ変わった日ですから。したがって、彼ら四人は、自分たちに共通する誕生日を祝うイベントとして、校内に植樹をしたと考えられます。

では、いつのことか。植樹の時期については、加藤延年の長男（延雄）に証言があります。父親の延年は同志社教員として最初は単身赴任であったが、一九〇〇年に至って、九州の柳川から家族を呼び寄せた。ので、六歳だった延雄もそれ以後、校内の教師住宅に住むようになります。

彼は、父親が同僚教師たちと共にヒマラヤ杉を植樹したのは、自分が同志社普通学校を卒業した頃だった、と回想しています。延雄の卒業は、今から百数年前の一九一一年です。これで、樹齢が百年以上であることが、裏づけられます。

四人はそれぞれが拠金をして苗を買ったと思われます。とすれば、彰栄館の玄関を取り囲むように四本の苗木を植えたのではないでしょうか。私のこの疑問を解いてくれるのが、久永省一（機四郎の息子）の証言です。四人は「普通学校校庭に四本のヒマラヤ杉を植樹した」と断定しています。「現在、その中の二本が残っている」ともあります。あとの二本は、戦後まもなく新築された校舎（新彰栄館）のために、切られてしまったのです（加藤延雄・久永省一『新島襄と同志社教会』八〇頁、二六九頁、同朋舎出版事業部、一九八六年）。

デビューする学園教会（同志社教会）

本数だけでなく、植樹された場所が同志社チャペルに近い、というのも、無視できません。なぜなら、このチャペルは、一八八六年に竣工してから長期にわたって、敗戦直後の一九四六年まで同志社教会（学園教会）の拠点でした。ただし、礼拝参加者が激減した戦時中は、一時、クラーク神学館（現クラーク記念館）に「避難」しましたので、その間は除きます。

面倒な話しですが、植樹した四人が、同時に受洗した時の教会は、今のチャペルではありません。同志社を開校した翌年に、新島が自宅に立ち上げた京都第二公会がそれです。後の、そして今の同志社教会の母胎にあたります。

彼ら四人が受洗した当時、第二公会は、新島旧邸（寺町通り丸太町上《アガ》ル）の南隣り（現在、日本キリスト教団洛陽教会が建っている所）に独立した会堂を構えていました。それ以前は、礼拝も集会も新島の自宅で開かれていましたが、知事のキリスト教緩和政策と、個人献金（J・M・シアーズ）により、一八八一年に京都初の教会堂として新設されました。しかし、数年にして手狭になったので、キャンパスに新たに竣工した広い学園チャペル（今もあります）へと転出し、名前も改称されました。

四人が洗礼を受けた日は、一八八六年六月二十日です。新島は教会の牧師として、当日、「時ノ休《しる》徴《し》ヲ知レ」という題で、実に長い説教をしております（②一八一以下）。注目すべきことに、この日（六月二十日）の礼拝は、なんと第二公会における最後の礼拝です。長い説教には、創立者である新島の思い入れが込められていたのでしょうか。

翌週（六月二十七日）の礼拝からは、会場をキャンパス内の新築チャペル（平日は学校礼拝。日曜日だけ教会に早変わり）に移し、教会名も「同志社教会」と改称されました。同志社教会の登場《デビュー》です。その間の六月二十五日には、チャペルの献堂式が行なわれています（本井康博『京都のキリスト教』一六四頁、日本キリスト教団同志社教会、一九九八年）。

つまり、彼ら四人は、同志社教会の歴史上、まさに転換期に受洗（入会）したわけです。洗礼を受けるまでの準備は第二公会で、そして洗礼を受けて正規の信徒になってからは、学園内のチャペル（同志社教会）で信仰生活を送ります。植樹の場所を彰栄館とチャペルの間にしたことには、こういった事情も潜在していたのではないでしょうか。

参考までに消極的な理由も挙げておきますと、第二公会の跡地は、すでに人手（現在の洛陽教会）に渡っておりますから、現地に記念植樹することは、不可能でした。

すごい四人の結束力

彼らが洗礼を受けた時、受洗者は全部で十五人もいました。ほとんどが同志社の学生です（坂本武人《たけひと》編『同志社教会員歴史名簿』一六頁、日本キリスト教団同志社教会、一九九六年)。その中から、同志社の教員になったのは、彼ら四人だけです。それだけに、その結束力は見事で、永続的です。この四人組は、「熊本バンド」にあやかって、「ヒマラヤ杉バンド」とでも、呼びたいくらいです。

バンドの四人は、同志社在職中、毎年六月二十日には揃って恩師のラーネッド宅を訪ねて、感謝の気持ちを伝えています(『わたしと同志社』七二頁)。その延長に植樹があります。植樹した一九一一年は、洗礼から数えて二十五年目ですから、おそらく二十五周年記念だったと思われます。

それを裏づけてくれるのも、久永省一(機四郎の子息)の証言です。受洗二十五周年記念日の一九一一年六月二十日に植樹した、と明言しています(『新島襄と同志社教会』八〇頁)。月日に関しては、加藤延雄が回想するように、彼が卒業した年ではあっても、卒業式の頃(三月)ではなく、それより三か月後でした。

記念植樹は、学生たちが卒業時にクラスごとに行なう習慣に倣《なら》った感がありますが、ヒマラヤ杉を選んだのは、加藤じゃなかったでしょうか。彼は理科の教員として動植物への関心が人一倍強いうえに、後には「校庭を愛する会」(一九二五年)の有力サポーターでしたから。

そもそも「言い出しっぺ」が加藤である可能性は高い、と私は睨《にら》んでいます。彼は「校庭を愛する会」と題した小文を『くらうばあ』(創刊号・終刊号、校庭を愛する会、一九二六年)に寄稿して、キャンパスの緑について論じています。

それはそれとして、後年(四半世紀後)のことですが、一九三六年八月二十日、四人は新島会館(旧京都第二公会があった隣りです）で記念会を開いています。受洗五十年を祝う会です。四人揃って、半世紀にわたって信仰を堅持したのは、すごいことですね。

さらに、この日、旧ラーネッド邸前で記念写真を撮って、すでに同志社を引退して帰国していたラーネッドに贈っているのも、素晴らしい（集合写真は「父・久永機四郎の記――新島襄の小さき弟子のひとりとして――」口絵頁、『同志社談叢』一〇、一九九〇年に収録済）。同志の親密さと恩師への感謝の篤さは、半端じゃありません。

この時のそれぞれの年齢は、加藤（七十一歳）、波多野（六十九歳）、久永（六十七歳）、三輪（六十六歳）です（『勝山餘籟――波多野培根先生遺文集』二七九頁、同刊行会、一九七七年）。三輪など、十六歳の時の決心が、半世紀たってもなお永続しているのですからスゴイですね。

彼らの終焉の時期もほぼ同時でした。一九四五年から翌年にかけて、次々と亡くなりました。今年から来年にかけて、永眠七十周年記念という節目の年を迎えます。

植樹した人（一）・波多野培根

それでは、植樹した四人の教員を個別に紹介します。

まず、波多野培根（一八六八年～一九四五年）です。最近出された塩野和夫『継承されるキリスト教教育――西南学院創立百周年に寄せて――』（九州大学出版会、二〇一四年）が、参考になります。

島根県津和野の出身で、同志社に学んでいた従兄の増野悦興《ましのよしおき》の勧めで、一八八五年九月に同志社に入学します。洗礼はその翌年でした。その日の日記に彼は、「予の悔改入信の動機となれる聖句（ガラテヤ書六章七～九）に就て」と書き込んでいます（『継承されるキリスト教教育』一七二頁）。

新島の死の直後、一八九〇年六月に同志社を卒業してからは、各地で伝道と教育に従事します。同志社に復帰する直前は、奈良県の畝傍《うねび》中学校（現畝傍高校）でした。

そのうち、もっとも重要な職場は同志社と西南学院（福岡市）でした。特に同志社は前後二回（一八九〇年～一八九二年、一九〇四年～一九一八年）の奉職です。植樹は、二度目の赴任中のことで、波多野は普通学校教頭の要職についていました。

二度目に同志社を退職した二年後（一九二〇年）の一月二十三日（新島の永眠記念日です）、波多野は若王子の新島の墓に詣でた後、「師教（新島先師第三十記念日）」という詩を詠んでいます。

一節を紹介しますと、「師教、懇篤にして猶、耳に存す　當年を回顧し、涙瞼《まぶた》に満つ」。この詩文から、墓前での波多野の想いがよく窺えますね（同前、二六一～二六二頁）。

新島と波多野

学生の頃から波多野は、新島校長から厚い信頼を寄せられていました。新島が波多野に出した手紙（一八八八年十一月一日付）からも明白です。その内容は――

学校と教会の前途につき、ぜひ相談したいので、わが家に来てもらえないか。学校からは「無残ニモ」学生との面談を禁止されているが、せめては「僅僅《きんきん》ノ人」にだけでも会い、学校や教会の将来のことを託したい。来宅は内密にお願いしたい、というものです（③六六七）。

この種の手紙を貰ったのは、波多野以外では柏木義円だけです（⑥三三八）。

新島は永眠する前も、わざわざ波多野（まだ学生です）に遺言状を残しています。

「同志社ノ前途ニ関シテハ、兼《かね》テ談シ置タル通リナリ。何卒《なにとぞ》将来ハ、同志社ノ骨子ノ一トナリ、以テ尽力セラレンコトヲ切望ス」（④四一四）。

この文言からも、日ごろ新島からいかに将来を嘱望されていたかが、分かります。個人的な遺書をもらった学生は、彼を含めてわずか数名です。先の手紙といい、この遺言といい、この師弟間の信頼関係はすごいですね。波多野の教え子でもあった加藤延雄は、こう追憶しています。

「波多野先生はこわい先生であったが、ただ厳しい、固いだけでなく、さすがに新島先生に見込まれた人物だけあって、不思議に思えるくらい多くの学生が、先生のご自宅を訪ねて行った」（『わたしと同志社』六六頁）。

波多野から観た新島

同志社校友会が一九六二年に出した『新島先生記念集』に波多野は、「新島先生の生涯の意義」と題する回顧を寄せています。三十六頁にわたる長文です。新島伝としては短編過ぎますが、新島論としては実に公平、かつ秀逸な論考です。全編のあちこちに傾聴すべき卓見が散りばめられています。

たとえば、新島の生涯中、「プロヴィデンシャルと思はるる重要機会」が三つある、との指摘がそれです。函館遊学の志、上海での乗船、岩倉使節団の随行員、の三件です（二一～二八頁）。とりわけ、私が感心したのは二番目で、「新島先生の生涯の運命は、元治元年（一八六四年）七月九日午後五時、先生がワイルド・ローヴァー号に乗り込まれたる時に決定した」とあります（二五頁）。これに共鳴した私は、後に拙著で以下のように力説するようになりました。

「新島にとって上海は、その後の新島の進路、したがって同志社の性格を決定づけた」とか（『千里の志』四五頁）、「新島の人生にとって最大ともいうべき転機」となった（『新島襄と建学精神』二二頁）、という記述がそうです。

波多野の卓見をもうひとつ挙げると、「新島先生を回顧するとは、先生を偶像化することではない。先生の同志社建学の目的と精神とを善く理解して、其の志を継ぎ、其精神に従って正心誠意、学生を愛撫教化することである」（『新島先生記念集』五五頁、傍点は本井）という警句です。

これにいたく共鳴した私は、講演集「新島襄を語る」（全十四巻）の最終巻を『志を継ぐ』というタイトルにして、シリーズの締めくくりとしました。

植樹した人（二）・三輪源造

二人目は、三輪源造《げんぞう》（一八七一年～一九四六年）です。新潟県与板《よいた》の出身ですから、柏木義円と同郷です。ただ柏木と違って、三輪家の場合は女性を含めて一族中、同志社に遊学する者が多く、その大半は同志社教会に所属しました。なかでも源造は、同志社の普通学校から神学校に進み、卒業後は松山や横浜で教員を務めてから同志社に戻ります。

同志社では国語や日本文学を講じる傍ら、「花影」と号して詩作にも励みます。讃美歌の作詞家としても著名で、『讃美歌』（一九五四年版）には、三編（一一九番、四一二番、四六六番）が収録されています。現行の『讃美歌二一』にも「羊はねむれり」（二五二番）が入っています。だから私としては、学生聖歌隊の諸君が、大先輩の三輪が作詞したこの讃美歌（一九四〇年に鳥居忠五郎が作曲）を来年のツリー点灯式で歌ってもらいたいな、と密かに期待しています。

できるなら、毎年の定番曲になればいいなあ、と願っています。

卒業式がそうなんです。同志社大学では、毎年、同志社グリークラブ（男声合唱団）が三輪作詞の「送別の歌」を披露することになっています。私の愛唱歌でもあり、葬儀に歌ってほしいと以前、紹介したくらいです。歌詞の一節には、「♪大空高く行くわれぞ　つゆの色香《いろか》にあくがれじ　神の召したもう　み声ぞ響く」とあります（拙著『ハンサムに生きる』二二八頁）。「み声」とありますが、恩師新島の声も通奏低音のように彼の耳にはきっと響いていたはずです。新島への傾倒振りは相当のものでしたから。

新島の人格に直接触れた三輪がすごいと思ったのは、新島に見られる同情（思いやり）、謙遜、熱心はもちろんですが、「最偉大で最光輝」なのは、やはり責任感の強さであるといいます。これこそ、「寸毫《すんごう》だもこれを脱《のが》れむとしたまはざりし一事」だと言っています（『追悼集』一、一三四頁）。けれども、新島をけっして偶像視するわけでもありません。

在学中の三輪から見ても、新島は「決して円満完全な聖人でも、世塵を超越した聖徒でもなく、情熱あり、侠気あり、寧《むし》ろ直情径行に傾いて、時に矛盾さへある、極めて人間的な方であった」（『新島先生記念集』九九頁）。

「往来で偶然行き合って、こちらが気づかぬ中《うち》に、先生の方から脱帽して挨拶をなさるに恐縮した事も少なくない。かういふ事は全く、総《す》べての人間を神の子として敬愛された先生の至情から自然に溢れたのであらう」（同前、一〇〇頁。拙著『ひとりは大切』一六四頁参照）。

新島が用務員（松本五平）に対しても、世をときめく高位高官に対しても、「殆ど同様の慇懃《いんぎん》な態度」をとったことに、三輪は驚嘆しています（『新島先生記念集』一〇〇～一〇一頁）。こうした平等主義に感銘を受けた三輪は、「私が同志社在学中、最も感化を受けたるは、新島先生に次いで、五平さんからである」とさえ言ってのけます（拙著『錨をあげて』一九九頁）。

これで思い浮かぶのは、創作能「庭上梅」（ていしょおのんめ）です（拙著『元祖リベラリスト』一～二二頁参照）。能の主役《して》が新島であるのに対して、間《あい》狂言の主役を張るのが松本五平なんです。ほかに登場するのは、八重（新島夫人）と学生たちくらいで、有名人はいっさい出てきません。

いかにも同志社的というか、新島的な構成と演出です。

植樹した人（三）・久永機四郎

三人目の久永機四郎（一八七〇年～一九四六年）に移ります。福岡県の出身です。同志社英学校に入学した時は、三歳上の波多野と同時でした。入学の翌年に受洗しております。それを契機に、久永はそれまでの名前（鉄蔵）を機四郎と改称しています。

鉄蔵ではあまりにも固すぎると思ったからです（「父・久永機四郎の記」九二頁）。要するに、彼にとって受洗日は、新しい自己の誕生日にほかならなかったのですね。

一八九三年、同志社神学校本科を出ると、各地で伝道や教育に当たります。一九一六年、親友の波多野培根から誘われて同志社中学校に奉職します。であるならば、記念植樹をした一九一一年当時は、久永は同志社を離れていた時期ですので、あるいは彼抜きで行なわれた可能性もあります。

同志社に戻ったものの、波多野の退職に伴い同志社を共に辞職いたします。けれども、一九二五年に至って、また同志社に復職しています。英語や倫理を教える傍ら、寄宿舎の舎監も務めます。

息子の省一によると、「京都在住中は、終始、同志社教会の執事（役員）を務め、新島襄の直弟子として、熱心な信仰生活を貫いた」とのことです（『日本キリスト教歴史大事典』一一五六～一一五七頁）。

久永機四郎は、『新島先生記念集』（八五～九二頁）に「少年の眼に映じた〔新島〕先生」を寄せています。彼が印象的に記しているのは、森有礼《ありのり》文部大臣が来校し、チャペルで講話をしたシーンです。留学生時代に、アメリカで交流を深めた間柄であったことから、森はわざわざ同志社に足を運んで、年長の新島の仕事を視察したかったに違いありません。

ですが、森の一場の訓示は、学生からは総スカンを食らいます。その態度は、徳冨蘆花の『黒い眼と茶色の目』でも痛罵されていますが、久永から見ても、森の「傲慢そのもののやうな面魂《つらだましい》」は、かえって真逆の新島校長の株を上げる結果を生んだだけのようです（八七頁）。

さらに、こうも指摘しています。「却《かえ》って荊棘《けいきょく》の路を切開いて、逆境不如意《ふにょい》の間を悪戦苦闘して進むのが、先生予《かね》ての選択であり、覚悟であったやうだ」（八九頁）。少年ながら鋭い観察眼です。新島の愛唱句に置き換えると、これぞ「敢《あ》えて風雪を侵して開く」姿勢です。

もう一点。新島は先生らしからぬ「激越な語」を時に用いることがあった、との証言です。「吾国の官憲や富豪など、所謂《いわゆる》紳士を以て呼ばれる人々」の中にも、心事の低級な者が少なからずいたので、新島は「虚言吐き」とか「恥知らず」と罵ったといいます（八八頁）。

植樹した人（四）・加藤延年

最後は加藤延年（一八六六年～一九四五年）です。福岡県柳川の出身で、海老名弾正《だんじょう》の隣家で誕生しました。両家は親戚でもあります（『追悼集』六、一九六頁）。柳川中学校（伝習館）から久留米高等中学校に進んだものの、海老名から同志社進学を勧められ、一八八五年に京都に出ます。

洗礼は上級生の湯浅吉郎（半月）の指導がものを言いました。同志社を出てからは、九州の各地で教鞭をとりますが、一八九九年に同志社に戻り、理化、地理、歴史などを教えました。

『新島先生記念集』に加藤も「〝苦《にが》き水を甘くせよ〟」を寄稿しています。この一句は、加藤らの卒業式（一八八九年六月）で新島が披露した式辞の中の言葉で、加藤にとっては在学中、もっとも印象に残った新島の言葉です（九七頁）。新島にとっても、これが最後の卒業式になりました。

卒業生を送り込む現代社会は、「メラ（マラ）の水」のように苦《にが》さ（穢《けが》れ）で満ちているが、モーセが「一本の木」を投げ入れてそれを甘く（清く）したと旧約聖書（「出エジプト記」十五章二二～二四節）にあるように、諸君も世を浄化する役割を果していただきたい、とのメッセージです。

これには後日談があります。卒業式より四十四年後のことですが、加藤はこの年の新島記念会の席上、学生時代に聞いた先の校長式辞を紹介しながら、こう慨嘆しています。

「自分は永年、同志社に厄介になって居るが、此《この》お励《はげまし》の如く、何等《なんら》周囲を甘くする事が出来ないことを慙愧《ざんき》に思って居る」と（『追悼集』六、三二三頁）。

もうひとつ、加藤の心を同様に占め続けた新島の言葉があります。「一の新島が死んでも、あとには百の新島が出る」です（九四頁）。加藤に限らず、これを耳にした教え子たちは、将来「小新島」にならんことを密かに決意したと思われます。

また、加藤は新島から直接もらった肖像写真を終生、大事に保管していますが、それを見るたびに「恐縮の中になつかしみ」がこみ上げてくるといいます（九五頁）。

ちなみに、加藤の名前が現在、学内で知られているとすると、動物や貝の標本収集として有名な「加藤コレクション」のおかげです。今は岩倉キャンパスの三校に分散して保存、展示されています。将来、同志社博物館が出来るなら、その中核となるべき収集品です。

志を継ぐ人たち（一）・加藤延雄

以上の四人は、いずれも『日本キリスト教歴史大事典』に人名項目として個別に取り挙げられています。そのうち、久永と加藤の項は、それぞれ息子の省一と延雄が執筆しております。二人は、父親の後を継ぐような形で、同志社の教員（校長）となります。

私が一九五五年に同志社中学校に入学した時の校長が、加藤延雄（あだ名はライオンで、高校の校長を兼務）でした。一年生では「聖書」科の授業で、ライオンから新島伝を一年間、習いました。毎時間、手書き印刷（ガリ版）の用紙が配布されましたが、翌年の新入生からは、『新島襄先生略伝』（日本観光美術出版社、一九五六年）という一冊の冊子体に進化しました。

いま思うに、私の新島研究の起点は、ライオン先生にあります。さらに加藤は、校長退職後は、同志社新島研究会の事務主幹として、森中章光を助け、『新島研究』の編集、発行にも尽力します。加藤の死後、三十年ほど経ってからですが、その研究会代表の役が私に廻って来るとは、当時は想像すらできませんでした。

ちなみに、私は感謝をこめて加藤先生の略伝を教会史の一冊に発表しております（委員会編『同志社教会　一九四五～一九八〇』二一二～二一六頁、日本キリスト教団同志社教会、二〇〇六年）。

志を継ぐ人たち（二）・加藤美登里

さらに私は、ライオンの次女（美登里《みどり》さん）にも指導を受けました。学校ではなく教会で、です。

同志社中学に入学したら、日曜日には市内の教会に行くことが奨励されていました。わが家は浄土宗でしたから、家族、親戚にキリスト教徒はひとりもいません。

しかし、なぜか私だけが幼稚園（現在の京都福音ルーテル教会附属メグミ幼児園）も中学校（同志社）もプロテスタントでした。母親の勧めです。

同志社に入るまでのキリスト教体験は、幼児期だけです。しかし、ほとんど記憶に残ってはいません。記憶にある幼児期の体験は、敗戦直後、在日アメリカ占領軍が接収していた旧京都市勧業館（現みやこめっせ）に園児一同が招待された時のクリスマス集会（パーティ？）くらいです。ソフトクリームにびっくりしたり、チョコやキャンディを靴下に詰めたのをお土産にもらったりと、三度の食事すらままならない戦争直後の食糧難時代でありましたから、夢のような、信じがたい竜宮城体験でした。生《なま》のサンタクロースを初めて見たのもこの時でした。

しかし、小学校は公立でしたので、子どものころのキリスト教体験は、これっきりです。ですから、中学生になっても、キリスト教に関してはほとんど無知で、教会の事情もよく分かりませんでした。そこで、中学校で教会生活を勧められた際、学校の敷地内にあるチャペルの礼拝なら安心と思って、日曜も今出川キャンパスに「登校」しました。

後で分かったのですが、そこは同志社教会日曜学校の中学生クラス（ジュニア・チャーチ）でした。その時の責任者（日曜学校校長）がライオン、そして私の分級《クラス》担任が次女だったというわけです。

その前年の秋（十二月五日）、ライオンは日記に「ジュニア・チャーチにゆく。美登里〔末娘〕が初めて説教をした」と記しています（『わたしと同志社』三三〇頁）。私が彼女に受け持ってもらったのは、それから半年後ですから、彼女がおそらく同志社大学（英文科）二年生になったばかりの時です。日曜は父親の手伝いをしなければ、という想いが強かったと思われます。

ブルー・クリスマス

ところが、私の最初の教会生活は、短命でした。その年のクリスマスで破局しました。班活動の出し物として、簡単なクリスマス劇をしようということになり、私にもなにがしかの配役が廻ってきそうでした。人前に立つことが死ぬほど嫌だった私（自閉症ですよね）は頑として抵抗しました。

いつの世も学生の中には、「人前で何かを発表するのが、好きで好きでたまらない」と堂々と公言する人がいますが、私には理解を超えた存在です。私の地図にはない異星人です。

現在はともかく、そうしたDNAをまるで持ち合わせていなかった少年時代の私は、美登里先生に対して日曜日の「登校」を瞬時に拒否しました。美登里さんからは、復帰や誘いのハガキが再三、自宅に来ました。あのチャペルを見るたびに思い出される苦《にが》いクリスマスの想い出です。

こうして中一で同志社教会（ジュニア・チャーチ）と絶縁した私が、この教会と寄りを戻すには、八年かかりました。関係回復は大学二年生の時（一九六三年）でした。大人の礼拝は、栄光館（同志社女子部キャンパス）で行なわれていて、加藤父娘は、相変わらず教会学校の中軸でした。

それから三十余年経って、私は教会役員に選ばれて、美登里さんと同席するようになりました。彼女は役員会の中軸（たしか会計）でした。

その間、中一の時の「破局」秘話をバラス機会もないまま、彼女は二〇〇〇年に亡くなりました。当時はすでに私も人前に立って、講義やら、説教、講演をするのが仕事になっていましたので、なんとも不思議な展開です。加藤美登里に関しては、「豪快で繊細」との人物評がぴったりのようです（委員会編『同志社教会　一九八一〜二〇〇八』一六六〜一七三頁に彼女の人物評を入れました）。

志を継ぐ人たち（三）・久永省一

久永省一先生も、私の恩師です。岩倉（同志社高校）で英語を習いました。加藤延雄に続いて、同志社中学校に転じて、校長にも就きました。以来、中学生相手のジュニア・チャーチの責任をもカバーするようになりましたので、自然と先輩に当たる加藤と協働することが多くなりました。久永にとって加藤は、同志社中学で西洋史を習って以来の交遊でした。

久永は、恩師の遺品整理も手掛けました。加藤家が捨てようとした古着を何着も持ち帰り、体型も丈《たけ》も違うのに身に着けました。短いズボンをわざとずらして平然と外出したりして、加藤美登里を唖然とさせたといいます（同前、一二〇頁）。

父親への思慕も篤かったです。「父・久永機四郎の記」と題する小伝の執筆は、前に述べました。さらに、同志社教会役員の傍ら、『同志社で話したこと書いたこと』（洛北書房、一九七五年）の執筆やら、加藤延雄の遺稿をまとめて出版する仕事にも精力を傾けました。その成果が、『新島襄と同志社教会』や『わたしと同志社』です。

語り部となって

久永のまとめとして、『新島襄と同志社教会』にあるヒマラヤ杉植樹の記述をここであらためて引用しておきます。

一八八六年六月二十日の〈京都第二公会〉礼拝で、新島が説教をしたあとで、「ラーネッドが十余名の学生に洗礼を施した。受洗者は加藤延年、波多野培根、久永鉄蔵（機四郎）、三輪源蔵らであるが、何れも〈同志社〉普通学校の生徒であった。彼ら四人は、そののち受洗記念日によく集り、旧交をあたためた。

そして受洗二五周年記念の明治四四年〔一九一一年〕六月二〇日に、普通学校校庭に四本のヒマラヤ杉を植樹した。現在、その中の二本が残っているが、それは彰栄館の周りに亭《てい》ていとしてそびえ立っている」。

「他の二本は、戦後、新しい建物〈新彰栄館〉が建築される際に切られてしまった」。

植樹した四人の終焉が、ほぼ同時であったのも、奇しきことです。一九四五年から翌年にかけて次々と天に召されています（『新島襄と同志社教会』八〇頁、二六八頁以下）。彼らは全員、記念樹の半数が伐採されるのを見ることなく亡くなったのが、せめてもの幸いでしょうか。

こうしたことが明白になったのも、語り部としての久永省一の貢献です。彼は植樹の記述をこう締めます。

「残る二本〔クリスマス・ツリー初代&二代目〕のうっ蒼《そう》たる茂みを見上げると、明治の新島の弟子達の執念のようなものが宿っているようで、樹の下を通る際に、一種の圧迫感をおぼえる」（同前、二六九頁）。

私は、教会役員のひとりとして一九九〇年代後半から、同志社教会で教会史（百年史）をまとめる責任を負いました。ある意味、加藤延雄や久永省一のやり残した仕事を引き継いだことになります。先人の「遺産」を活用しながら、「教会双書」の編集、発行に取り組みました。おかげで、六冊からなるシリーズを完結させ、先人が果たせなかった百年史の編集、出版をひとまず終えることができました。

「同志社ノ骨子」となる

以上のことからお分かりのように、加藤延雄、久永省一の両先生とも、信徒として同志社中高の教員（校長）や教会役員を務める傍ら、新島襄の生涯や同志社（教会）の歴史を掘り起こすことにも力を傾けました。その点では、私にとっては学業の恩師であるばかりか、同じ歴史畑に住む先駆者に相当します。こうした先輩方の努力と蓄積がなければ、私にできることは、ごく限られていたはずです。

これも両氏の父親が、それぞれ新島に深い感化を受けたことと無関係ではありません。新島の死後、「小新島」となって、創立者の「志」を継ぐことに懸命に尽力したそのＤＮＡは、二代目、三代目にもきちんと受け継がれていますから。

他の二人の子どもの場合も同様です。波多野培根の娘婿（政雄）と三輪源造の息子（輝夫）も共に同志社大学職員（前者は神学部事務長、後者は大学就職部長）として、それぞれの責任を立派に果たしました。

彼らの父親を含めて、四人の教員が百年以上も前に、校内にヒマラヤ杉を植樹した時の想いは、新島やラーネッドへの個人的な感謝以上のものであったはずです。とりわけ、波多野は「同志社を日本一の学校にしなければならない」と固く決意して、教員として最大級の努力や準備をしたといいます。たとえば、語学を必死に勉強し、英語、ドイツ語、フランス語はほぼマスター。さらにギリシャ語やラテン語にも手をのばしていたと伝わっています（『わたしと同志社』六四頁）。

これぞ、新島の志を継ぎ、新島の「同志」として、創立者が夢見た理想の学園形成を成就しようとする生き方です。新島が波多野に与えた遺言、「同志社ノ前途ニ関シテハ、兼テ談シ置タル通リナリ。何卒将来ハ、同志社ノ一トナリ、以テ尽力セラレンコトヲ切望ス」には、「同志社ノ骨子」という文言が入っています。

同志社の支柱となってほしいとの新島の期待は、たしかに教え子たちの心をいつまでも把え続けました。彼らの姿勢は、後続する私たちにとっても、モデルです。

地上の星

キャンパスに煌《きらめ》くツリーの電飾は、これを植えた先人が、私たち後続者に向けて放つロールモデルの「光輝《かがやき》」のようです。さながら同志社における「♪地上の星」のように思えてなりません。ペガサスやヴィーナスを始め多くの星が、実は草原や水底《みなぞこ》や崖の上で人知れず輝いている。にもかかわらず、人は星を求めて空ばかり見上げる、と中島みゆきは嘆き唄います。ヴィーナスは、高嶺の花じゃなく、身近な梅花や梨花の中に宿っている、とでも言いたいところでしょうか。

で、中島みゆきはこう哀願します。高い空を飛ぶつばめなら、地上の星の行方を知っているに違いない。いまどこで輝いているのか、ぜひ教えてほしい、と。

同志社に限っては、つばめに聞くまでもありません。地上の星のいくつかは、クリスマス・シーズンになるとツリーの中で光り輝きます。

今日のお話しは、来年の点灯式の前にあらためて活字にして、発表します。二〇一六年十月一日に出る『同志社時報』一四二号に写真も数枚入れて、広くPRします。皆さまもぜひ読んでください。

（二〇一五年十一月二十日）

いまどきの小学生
——同志社国際学院初等部の場合——

創立四周年

今日（十一月三十日）は、同志社創立記念礼拝のため、木津川市にある国際学院初等部へ行ってきました。同市は同志社の京田辺キャンパスの南方にある、と漠然とは知っていましたが、よく聞いてみると、南部は奈良市に隣接してるんですね。遠いはずです。

国際学院は創立されて以来、創立記念礼拝は初めて、とのことでした。創立されてまだ四年なんですね。二〇一一年四月に開校されていますから、本来、記念礼拝は四月始めが普通です。ではなぜ、今日のような十一月三十日という中途半端な日が選ばれたのか、と思われませんか。

そうなんです、そもそも同志社（英学校）の開校が百四十年前の十一月二十九日でしたから、大学や中高を始め、学内の各学校も、この時期に創立記念礼拝をもつことになっています。その意味では、国際学院も兄弟姉妹校に倣って、同志社ファミリーの新しい一員として、共通の誕生日を祝うようになったのですね。

新島の校長式辞

そう言えば、同志社最初の学校、同志社英学校の場合も、開校直後から毎年、記念行事をやっていたわけじゃありません。大々的な創立式典は十周年記念式典（一八八五年）が最初です。京都府と滋賀県の両知事を始め、外から来賓を招待して、盛大に開かれました。会場は、「運動場」（グラウンドではなく体育館です）で、参列者は五、六百人に上ったといいます。

この時、校長式辞を筆記した一学生（広津友信）の記録によると、新島はこう切り出しています。何はさておき、まずこの場で記念したいのは、自分が渡米中に退学になった学生たちのことである、と。晴れの場で、学校の不祥事をことさら取り上げるというのが、いかにも新島らしいです。型破りと言うか、規格外れの式辞ですね。

新島は続いて、彼らの行方を気づかって、列席者に向かって、「諸君ヨ、人一人ハ大切ナリ、一人ハ大切ナリ」と声涙ともに下るスピーチをしています（①一〇七）。この文言は、新町キャンパスの校舎壁面に大きく彫られていますから、私たちには周知の言葉となりました。今では同志社のどの学校でも、いわば校訓のように扱われていますね。

ちなみに、新島の生存中に行なわれた創立式典は、これ以外は知られておらず、したがって新島の式辞も十周年の時のもの以外は、見当たりません。

「目が少年」

それにしても、今日もそうでしたが、説教や講演の聞き手として、小学生は手ごわいですよ。たとえば、まれに私自身の教会（同志社教会です）の「子どもの教会」でお話しを頼まれることがありますが、そのたびに「苦戦」します。時にはほとんどが幼稚園児という集会もありました。それを知らずに出かけて行ったために意表をつかれ、呆然とした経験があります。

その日は、ある中学生（現同志社大学職員）の奉仕活動について語ろうとしたのですが、「ボランティア活動」という言葉を幼稚園児にどう説明したらよいのか、四苦八苦させられました。

先日、ある大学生から、「新島襄を語ってる時の先生って、目が少年」と言われ、ドキッとしました。年齢的にはすでに後期高齢者予備軍なんですが、せめて目だけでも、未成年のキラキラ眼《まなこ》で話しができるように、日ごろから努めてはおりますが――。今日も両眼にリキを入れて、本物の少年少女と向き合ってきました。

長年、大学生や大人を相手に九十分の話しをするのに慣れっこになっていましたから、こうした場合、まずは時間と内容に神経を使います。今日の奨励（説教）にしても、子ども向けの時は、できるだけ漢字や英語は使わないように注意します。それでも完全に排除するのは無理です。

小学生の実力と手ごわさ

その一方で、今日の礼拝の中で歌われた讃美歌は、なんと英語でした。クリスマスが近いので Joy

to the world と Silent night です。さらに、あの難解な「同志社カレッジ・ソング」（同志社校歌）も歌うのですから、子ども向けの私の配慮や準備と、子どもたちの実力との間のギャップは凄いです。

この校歌は、One Purpose と呼ばれ、作詞家はW・M・ヴォーリズというアメリカ人です。だから歌詞は英語、しかも古い文体（たとえば、thy とか、thine や doth など）ですから、大学生でさえも覚えきれません。私も一番と四番はまだしも、二番と三番は歌ったことがありません。

今日は一番だけでしたが、小一が堂々と歌うのですから、私などいったいどうなっているのか、とハテナマークが頭の中を行列します。学校見学のために同行した大学生も、同じ反応です。子どもたちの英語力には、私もさすがにびっくりしました（校歌について詳しくは、本書二二六頁以下を参照）。

校歌以上に私が驚いたのは、二年生くらいから、生徒全員が「同志社大学設立の旨意《しい》」（一八八八年）を事前に学んでいたことです。私は前もって貰ったプログラムを見た時に、「旨意」の朗読が組み込まれているのに驚嘆しました。たとえ、さわりの部分だけ、それも現代語訳とは言え、です。

大学の入学式でも、核心的な部分を教授（学生支援センター所長）が朗読する決まりになっていますが、原稿（原文）ではすべての漢字にルビ（振り仮名）が振ってあるくらいです。

そこで国際学院の担当の先生に、礼拝では省略されたらどうですか、と「進言」してしまいました。小学生の理解を越える文体、内容だと懸念したからです。ですが、本番では、予定どおり朗読されました。子どもたちは、低学年から鍛えられているのですね。まことにあっぱれな教育です。

「もっちー先生」の授業

今日の礼拝以前に、私はすでに三度、国際学院にはお邪魔しています。まず初回は、二年前（二〇一三年十月二十九日）のことで、四年生（今の六年生です）に「特別授業」をしました。当時のクラス担任、青田忍先生から頼まれて、襄先生と八重さんの話しをしました。ちょうど、大河ドラマの「八重の桜」をやっていた時で、私はＮＨＫから「時代考証」（主として台本チェックの仕事）を頼まれていましたので、その裏話を交えて、新島の生涯や同志社の発足のあらましなどを話しました。

後日、『本井康博先生《もっちーせんせい》へ』と題した感想文集が、青田先生から送られてきました。授業のために私が教室に入って生徒たちと初めて面会した時、すでに私の愛称《あだな》は「もっちー」に決まっていました。彼らの文集は、読んでびっくりするような内容でした。子どもたちの吸収力と理解力は、私の予想をはるかに超えておりました。小学生にも私の話しが通じることが分かって、大感激でした。

その証拠として、「絶賛」メダリストたちの感想文を少し引いてみます。

○「もっちーのお話は、とてもわかりやすくて、おもしろくて、色々な事がわかりました」。

○「ぼくは熱心に本井先生がしゃべっている所に目をつけました。あなたはきっとすごい発見が出きると思いました」。

○「お話の良かった所は、お話がおもしろくてあきない所です」。

授業の評価や褒め言葉だけじゃなく、こちらの意図や背景まで見透かされてしまいました。

○「私があなたのお話でわかったことは、本井先生がどんなに新島先生が好きかです」。

○「本井さんが新島先生をロールモデルにした理由が、私にもなんとなくわかってきました」。断っておきますが、私は「ロールモデル」などというカタカナは（それ以前も含めて）使ってはおりません。青田先生が、事前の予習で使われていたようです。

ちなみに青田先生は、私が同志社中学三年生に社会科の一科目、「政治」を教えた時の教え子のひとりで、大学院（経済ですから、私の後輩）を修了後、国際学院の教員になりました。本校赴任後に、新島襄の研究会を立ち上げて、同僚と研鑽を積むほどの熱心党です。

先の文集の「まえがき」には、「あれから子どもたちは新島先生のマンガに夢中です。表紙に〈監修者である〉本井先生の名前を見つけては、私に報告しに来たり、『もっちー先生って、もしかしてすごい人⁉』と大騒ぎしています。〔中略〕また国際学院に遊びにいらしてください。小さな新島博士たちが、待っています」とありました。

スタッフ研修

これに続く訪問は、四か月前の七月二十八日のことで、今度は先生方を対象とするキリスト教研修会でした。「新島襄の志」について紹介したところ、終わってから、次のような過分のお礼メールを貰いました。要約すれば、「私は同志社の卒業生ではないので、今年四月に勤め始めてこのかた、同志社文化がわからず悶々としていました。けれども、今日、同志社の歴史や文化、さらには新島襄の志を初めて学ぶことができました。私にとって、すばらしい機会となりました。ずっと聞いていたいと思うくらい実りの多い講義でした」というものです。

先生方と言えば、実は本校が開校する前に、二、三度、研修会に呼ばれたことがあります。初代校長に就任予定の大迫弘和先生が、数人の教員（予定者）と共に開校準備をされていました。いわゆる設立準備室の時代です。大学の明徳館の一室を占める準備室で、同志社の建学精神について話しをしました。

「仏作って魂入れず」では第二木津川小学校になってしまうので、ぜひ新島襄の「志」を引き継ぐ魂を吹き込んで同志社の小学校にしてください、といった趣旨だったと記憶しております。

そう言えば、それより以前に岩倉キャンパスに同志社小学校が出来た時の研修会でも、同じようなことをスタッフの方々に「哀願」したことがあります。私の役割のひとつは、学園の職員や教員、とくに新入スタッフに対して、「同志社人」養成講座を受け持つことです。

ツアガイド

國際学院の話しに戻します。訪問三回目は今年の九月一日で、初等部五年生が行なう東京・安中《あんなか》ツアの事前学習会に呼ばれました。六年生は修学旅行でニューイングランド（ボストンやアーモストなど）を歴訪することになっていますが、五年生は国内旅行で、新島の父親の出身地（群馬県安中）を巡ります。

途中、東京を経由するのですが、予定になかった「錦三《きんさん》・七五三太《しめた》公園」（本書口絵②、③参照）をバスの中からでいいですから見学してほしいな、と思いました。そのためにバスの経路を神田一ツ橋の学士会館傍を通るコースに変えたらいかがか、と提案しました。この公園は、今年の五月に竣工したばかりですから、関西在住の同志社人でも、実地を見た人は、いまだごく少数です。

それにしても、同志社で学ぶ小学生が、幼いうちから新島襄ゆかりの地である東京や安中、さらには函館やニューイングランドを歴訪するというのは、素晴らしいことです。彼らはそうした体験をさらに積んで、数年後には同志社大学に上ってきます。その頃には、「同志社科目」を担当する教師と言えども、並大抵の準備では、彼らに太刀打ちできないでしょうね。相当な努力と実力が必要です。

私はすでに退職していますから、そうした「強敵」や「小さな新島博士」と教室で対峙する機会はありません。が、反面から言えば、彼らの存在は頼もしい限りです。「新島博士」が中高生に成長してから取り組む「新島懸賞論文」（毎年、秋に募集）も、確実にレベルアップすること、間違いなしです。

先日の論文審査委員会でも、中学生の部でスゴイ論文を書いた中学一年生のことが話題になりました。あとで個人的に取材をして分かったのですが、同志社小学校の出身者でした。国際学院初等部の卒業生も、今後はきっと彼らのいいライバルになると思います。

（同志社創立記念礼拝、同志社国際学院初等部、二〇一五年一一月三〇日）

「同志社に、教会があってよかった！」

『モナドの領域』

二年前（二〇一四年）、本学の講演会で『文学部唯野《ただの》教授』と『工学部ヒラノ教授』の話しをしました（「志 in 同志社」一九四頁、『Doshisha Spirit Week 講演集 二〇一四』同志社大学キリスト教文化センター。本書一〇一頁以下にも再録）。

そうしたら、その後すぐに筒井康隆『モナドの領域』（二〇一五年）が出版されました。新作では唯野教授に代えて、美大で西洋美術史を講じる結野《ゆいの》楯夫教授（六十七歳）が主人公です（そう言えば、かつての「唯野」教授は、ゆいの教授とも読めますね）。

筒井さんの新刊本の帯には、本人の言葉で「わが最高傑作にして、おそらくは最後の長編」とあります。著者は、「自分の中にためていた一番最後のものを出した。現実的にこれ以上、書くものはないですね」とか、「究極のテーマ『神』について書いたので、これ以上書くことはない」とも告白されています。

書名は、G・W・ライプニッツの「モナド論」（単子論）という神学論から来ています。「私のモナ」度数は、せいぜいモナリザやモナコ止まりで、とても「モナドの領域」まで到していません。元神学部教授がこの体《てい》たらくですから、神学部の学生諸君の場合は、さらに悲惨じゃないでしょうか。たとえ筒井さんが本学（文学部）の卒業生でも、先輩の書いた神学的な小説にあえて触手を伸ばす者は少ないのではないか、と邪推しております。

新入生歓迎礼拝

さて、今日は私にとって、京田辺キャンパスに新しく出来た宗教施設、「言館《ことばかん》」デビューです。建物の印象ですが、「華《か》を去り実《じつ》に就く」と言えばいいんでしょうか、幸いにもチャラさがありません。初めて中に入りました。いわば夢舞台なので、気分はまるで一年生、ウキウキしています。一年生と言えば、もう大学生活にも慣れた頃でしょうね。残念なことに、七年前（二〇〇九年）に神学部の学生（一、二回生）が全員、今出川キャンパスに移ってからは、こちらのキャンパスでは礼拝も学生聖歌隊も寂しくなっています。

私にとっても今日の礼拝はアウェイみたいなもんですから、今出川キャンパスから応援に（笑）駆けつけてくれる神学生《サポーター》がいると聞いて心強く思いました。しかし、見渡したところ、ひとりも見当たりませんね。「単身赴任」でこころ細かったのか、昨夜は二時に寝たのに、今朝は五時には目が冴えてしまいました。やむなく起き出して説教の準備をしたくらいです。

その点、今出川はホームグラウンドですから、さすがにそんなアウェイ感はありません。先日（四月十日）も、礼拝での出番がありました。栄光館（同志社女子部の講堂）で持たれた新入生歓迎礼拝です。建物は校舎ですが、日曜だけ中身が教会に変身します。名前を同志社教会と言います。私は現在、そこの役員をしております。

会場が女子部（女子中高・女子大学）のキャンパスということもあって、京田辺の学生は参加が無理です。この日、参加した新入生は、神学部が数名いたほかは、ほとんどが大学近く（河原町今出川）の女子大学学生寮（みぎわ寮）の新入寮生でした。来てくれた新入生たちに歓迎の言葉を宣《の》べるのが、当日の私の役割でした。

今日は、それを踏まえて、京田辺の皆さまにも同じようなメッセージを「言」にして送ります。

「日本に、京都があってよかった」

二〇〇七年、京都市が観光客誘致のために使い始めてから、いまも結構流行《はや》っているキャッチ・コピーがあります。「日本に、京都があってよかった」です。新幹線を始め、あちこちで目にするヤツです。他府県の人からは、「そこまで言うかよ～」と京都人の傲慢さが非難されることもありますが、なかなかよくできたコピーだと私は思います。おそらく、受験生や高校生が同志社大学を選ぶ理由のひとつは、京都へのあこがれ、あるいは古都のブランドじゃないでしょうか。

その証拠に、京田辺キャンパスで四年間を過ごすことになる学部生の中には、「約束が違う」と立腹する者もいます。ある学生など「京都に憧れて来たのに、田辺は自分の村とそんなに変わらね～」とご立腹でした。

それはともかく、今日のお話しは、このキャッチ・コピーをさらにコピーして、「同志社に、教会があってよかった」という同志社バージョンにします。ついでに暴露しますと、今日の裏タイトルは、「同志社のココがすごい！」です。

世間では、同志社と言えば大学

皆さんが学ぶ同志社大学の名前とスケールは、かなりビッグになりました。その結果、現在では、同志社＝同志社大学です。ですが、同志社には大学以外にも、学校や組織がいくつもあります。全体を法人同志社と言いますが、全部で十四の学校を経営する巨大な教育共同体（法人）になりました。同志社村の住民は、そこで働くスタッフを合わせると、四万数千人をこえるんじゃないでしょうか。大学にしてもふたつあり、高校は四つ、中学も四つ、それに小学校が二校、さらに幼稚園とインターナショナルスクールがひとつずつ、といった巨体です。法人同志社は、けっして同志社大学だけじゃありません。しかし、大学だけで三万人近い学生とスタッフを抱えていますから、同志社の中核であることは、間違いありません。

この結果、創設者のイメージも「同志社大学の創設者」、つまりは教育者で決まりです。ですが、これを知れば、おそらく新島襄は慨嘆、いや憤慨するでしょうね。なぜか。

「同志社に、教会があってよかった！」

新島襄はもともと宗教家

新島が八年に及ぶアメリカ留学から横浜に戻るときの身分、知ってますか。宗教家です。けっして教育者じゃありません。学んだ大学院がそもそも神学校でしたから、彼は牧師の資格を取得し、おまけにミッション（アメリカン・ボードと言います）から宣教師に指名されて、日本に戻されます。以後十数年間、彼の月給は、大磯で死去するまでずっとミッションが負担しました。

しかし、彼は大方の他の宣教師と違って、キリスト教一本では日本はよくならないと確信していました。院生のときに巡りあった岩倉使節団から熱心に請われて入団し、欧米の教育行政や教育機関を実地に視察した経験から、キリスト教主義の大学の必要性に目を開かれます。

つまり、新島は宗教家にして教育家、これが正しい捉え方です。キリスト教のお坊さんとでも言うべき人が創立した学園ですから、同志社はあくまでも宗教系学校です。

だからチャペルがいくつもあります。大学だけで、この新館を入れると四つです。入学式や卒業式などの式典は、礼拝形式で行ないます。学部の中には（と言うより、一番古い学部として）神学部があってキリスト教を教えたり、牧師や伝道師を養成したりしています。ほかにも複数の牧師がキリスト教文化センターを拠点に全学的な礼拝や宗教行事などを企画、運営しています。

新島の場合は、学外での伝道も大切な使命のひとつでしたから、街の教会の設立や全国伝道にも努めました。そうした彼の姿勢がはっきりと窺えるのが、終生のモットーとしていた次の文言です。

「自由教育、自治教会、両者併行、国家万歳」。

要するに、学校と教会が文明を支える二本柱だ、との信念です。学校だけではいけないのです。教会は両輪のうちの、欠かせない一方の車輪です。その際、教育も教会もその基盤はキリスト教であるべきだ、というのが新島の不動の信念です。

学校プラス教会

だから、新島としてはそうした信条からも、学校だけを創って万事終わりというのでは、拙《まず》いんです。伝道するためにミッションから給与を貰ってる身分ですから、まして教会を創らなければ、月給泥棒と言われかねません。同志社は初代校長に給与を支払った形跡は、ゼロです。お金の出どころから見ると、新島の本業（本職？）は、宣教師・牧師です。

京都に定住するようになっても、同志社を創る前から、自宅を開放して伝道集会を開いていました。ですが、キリスト教の反対勢力が旺盛な土地柄ですから、教会はすぐにはできません。当面は教育事業を優先させます。教会ができたのは、ようやく、開校してから一年のことです。

それでも、京都府知事（北垣国道）から教会堂の建築が禁止されていましたから、当初、新島は自宅で教会集会を開きました。いわゆる「家の教会」ですね。名前を京都第二公会といいます。これが今の同志社教会の始まりなんです。もちろん新島が初代牧師です。

この教会は、「学園教会」（カレッジ・チャーチ）として、学園同志社とは常に一体でした。したがって、一時期、街の中に会堂を創りましたが、大半の期間は、キャンパス内のチャペルを会場にして日曜礼拝などを守りました。集う人は、教職員とその家族、生徒や学生たちが主流です。

学校の中に教会

この伝統は、今も受け継がれています。とくに独立した教会堂をもたずに校舎を間借りするというスタイルがそうです。学園の講堂（栄光館内部のファウラー講堂）を日曜日だけ会堂として借りています。教会のメンバー（教会員）の構成はさすがに変貌し、いまでは学園外のメンバーの方が多くなりました。

そうした変貌は、組織の変化とも関連いたします。戦前には、教会と学校はまさに一体でしたが、戦後、両者は分離しました。学校は学校法人。ですが、教会はたとえ精神的に学校と一体でも、宗教法人という別法人（他人！）になりました。これが組織上の最大の違いです。

だからというわけじゃありませんが、教職員の参加が少なくなったうえに、七十年代からは学園紛争やら教会紛争、ついで八十年代以降は京田辺キャンパスの開学が続き、学生出席者が激減しました。ので、毎週の礼拝は全体でもなかなか百人を越えません。

これに対して、大学が抱える学生の数は三万近いですから、圧倒的な差が生じています。百人対三万！　したがって、学園内での知名度も低いままです。ので、同志社の中に教会があることは、学内でもなかなか認知されません。

ですが、小さいけれどもけっして侮れません。「両者併行」というのが、新島のモットーですから、学園と同じくらい重要なのです。重要なのに、存在感は極めて薄い。礼拝の出席者が百人未満ですから、人口四万数千人を越える同志社村（学校法人同志社）では、知る人ぞ知る極小集団です。

でも、「一寸《いっすん》の虫にも五分《ごぶ》の魂」です。新島以来、同志社では学校（教室）と並んで、チャペルは不可欠の人間形成の場です。学校のチャペルを指して新島は、「我礼拝堂ハ、我同志社ノ基《もとい》トナリ、又タ精神トナル者ナレバナリ」と宣言しております（①一〇五）。

「同志社に、教会があってよかった」

「基」や「精神」となるべき教会ですから、新島は今の同志社教会を、同志社開校の翌年にオープンしました。今年で創立百四十年を迎えます。一九五〇年代・六〇年代は三ケタの同志社の大学生（同志社女子大学生を含めて）が通う学園教会でした。私もそのひとりで、大学二回生の時に洗礼を受けました。

私は中高とも同志社でしたが、在校中、毎日あった礼拝が卒業後、なんとなく恋しくなって、大学生になってからどこかの教会に行きたいと思うようになりました。しかし、どこに行っていいのか、よくわかりませんでした。教会という中身が不透明ですから、とにかく不安でした。

結局、同志社の中にある教会に決めました。校舎を会堂にしている教会、さらには高校の時の校長先生が牧師を務めている、という理由で、栄光館に通い始めました。

皆さまもそうだろうと思います。というのは、世には怪しいキリスト教や危ない教会、さらには怪しからぬ信徒や牧師がいるのも事実ですから。何も知らない「素人」をオカルト的な手法でマインドコントロールして「にわか信徒」に仕上げ、心身を弄《もてあそ》んだり、金を巻き上げようとしたりする悪徳牧師が時に横行します。だから、「教会は怖い」というイメージを持ってる人もいるかと思います。

そういう時に勧めたいのが、同志社教会です。なにしろ学園と一体ですから。学校の中にある教会は、この京都では聖アグネス教会（平安女学院京都キャンパス）とウチだけです。前者は、日本聖公会といって立教と同じ教派ですから、プロテスタント（日本キリスト教団）の教会としては、京都では同志社教会だけです。

したがって、同志社の学生にとっては、京都で一番安全な教会なんです。私自身、学生の頃から今に至るまで、「同志社に、教会があってよかった」を実感しております。教室では得られない大事なことを、私はここで学びました。

こうした「幸運」も、私が同志社中学校に入学したことが、すべての始まりです。もちろん入学は私の意思でなく、親の勧め、いや指図でした。母は、先月（五月十六日）に百二歳で亡くなりましたが（浄土宗だけに大往生です）、奇しきことに、四人の子どもの中で私だけを同志社へ送り込みました。ひとりくらいは、試《ため》しに（？）キリスト教的な教育を受けさせたかったようです。

もっとも、トライアル（実験）の採点は、結局、彼女の口からは聞き出せませんでした。私自身の自己採点では、もちろん花丸の九十点です。

メンターとしての新島襄

皆さまも、自分の意思であるかどうかは個人差があろうかと思いますが、入学した動機が何であれ、せっかく同志社大学に入られたのですから、「頭の教育」だけでなく、「こころの教育」もぜひ受けてみてください。そのためには、平日の宗教活動だけでなく、日曜の礼拝やら教会の活動にぜひ参加してみることです。皆さまの人生が確実に変わりますよ。私がそのいい例です。

てっとり早いのは、学内で開かれる今日のようなチャペル・アワーが手近です。ですが、特定の街の教会に通うと、感化や出会いはいっそう深まります。世代や場所を超えた密な交流が得られたり、長期間にわたる影響を受けたり、学内効果以上の収穫があります。

私の場合、大学の二回生で洗礼を受けてから半世紀になります。その間の私の歩みは、まさに新島先生、ならびに新島牧師をメンターとする人生でした。新島にとってはもちろん、私にとっても同志社教会抜きの同志社は考えられません。

私は学生時代以来、日曜日の礼拝からは平日の授業以上に新島の感化を多く受けた気がします。それほどの新島の魅力とはいったい何か、とよく聞かれます。新島という人は、まさに「一視同仁」を地で行く人でした。決して驕らない、威張らない。かえって他をたてる指導者です。筒井康隆さんの言葉をもじると、新島は「オレガ校長」ではなく、あくまでも「タダノ教員」に徹した指導者です。

メンターとして見た場合、新島は稀有の存在です。ここが新島や同志社のスゴサなんです。

「究極のテーマ」との出会い

作家としての筒井さんは信徒ではありません。ですが、結局は、同志社で播かれた種が体内で発芽し、開花したケースにあたるでしょうね。『モナドの領域』という「最後の長編」で、「究極のテーマ『神』」を扱おうとされたことに、それが窺われます。

同志社大学で学ばれただけのことはある、とすぐに感心するのが、私の悪い癖です。

筒井さんの後輩にあたる皆さまにも、同じような進路や人生が待っているかもしれませんよ。同志社に入ったからには、「究極のテーマ」である神とどこかで巡り合い、「対話」を模索していただきたいですね。

今すぐにとか、あるいは在学中に、とは申しません。筒井さんは八十歳を前にして、「究極のテーマ」に挑戦されました。皆さんもこのテーマを考える第一歩を同志社で踏み出してください。学園はそれだけの環境と条件に恵まれています。ここもまた、同志社のスゴイところです。

だから、ぜひ「地の利」を活かした大学生活を送られますように祈ります。

最後にJR東海のアピールを捩《もじ》って閉会宣言をします。「そうだ 教会、行こう」！

今出川なら同志社教会ですが、田辺ならこのチャペル・アワーです。

（同志社大学京田辺チャペル・アワー、言館、二〇一六年六月二二日）

「志ある学園」で学んだ友へ
――「志ある人生」を目指す

センチメンタル・ジャーニー

ほとんどの方には、「初めまして」が相応《ふさわ》しいかと思います。同期の同窓会ですから、中高六年間、いっしょのクラスだったという方も無くはないのです。しかし、学年はいっしょでも在校中、一回も口をきいたことのない人が、大半です。私の同志社中高時代は、部活動《クラブ》やら生徒会活動にもいっさい加わらず、ひたすら帰宅部でした。塾も予備校も無縁です。

いま思うと、引きこもり症候群、あるいはアスペラー症候群か発達障害ですよ、これは。授業中、手を挙げることもなく、委員会（なぜか委員に選ばれてしまいます）でもけっして発言しない。ましてや、人前で話したり、歌ったり、踊ったりするのは、私には「罰ゲーム」みたいなもんでした。いま人気のキャラクターで言えば、「すみっコぐらし」のはしりです。端っこが落ち着くんです。

ですから、「人前で何かをするのが好き」という人の気持ちが、理解不可能です。

卒業してからも、相変わらず人前に出るのが苦手で、こうした同窓会やクラス会もご無沙汰勝ちでした。どれくらいご無沙汰か、と申しますと、先週のことですが、小学校の同期会に卒業後初めて（ですから六十二年ぶりでしょうか）顔を出しました。それも、小中高と十二年間、一緒だった二人の旧友（今日、ここに出席されてます）から強く誘われたからやっと、です。

それが、どうですか。あのオドオドした、引っ込み思案の児童が、今はこうして皆さまの前でイッチョまえに「講演」なんぞする羽目に陥っています。この変身ぶりは、数十年前にはとうてい考えられませんでした。

今回は、いわば汚名返上の機会が与えられたようなもんです。日頃のご無沙汰のお詫びになれば、と思って引き受けました。昔の私を知ってる人、つまりは一番身近な人に向けての講演ですから、いつになく緊張しております。

しばらくの間、懐かしい母校を振り返るセンチメンタル・ジャーニーと思って、お付き合いください。

昨日のバラク・オバマ大統領の歴史的な広島スピーチは、十七分に及びました。ありがたいことに、今日の私はそれよりもちょっと長い時間をいただいております。途中、季節外れで、意味不明な表現があるかも知れません。が、そこはぜひ、舛添要一都知事が十日前の記者会見で乱用された言葉を援用すれば、「第三者の厳しい耳」で聞き取っていただければ、と思います。「コーシ（講師）混同」と言われかねませんが、そこんところは、よろしくお願い申し上げます。

他校と一味違う雰囲気

さて、本論です。他から見ると、同志社の卒業生は、独特の雰囲気をもっているようです。先日も関西のある大学の先生が、自分が出た大学とはまるで違うと言われた、という話を聞きました。どこが違うのか、といいますと、仲がよくて、団結心があり、よくまとまっている、というのです。

大きな差が現実にあるとするると、この先生が出られたのは、ひょっとして国公立大学じゃないかと思います。もともと私立と国公立では、相当な違いがあるような気がします。さらに同志社の場合は、数ある私立の中でも、様子がかなり違っているのじゃないでしょうか。

十年前に早稲田の先生方が『私立大学の源流──「志」と「資」の大学理念──』（学文社、二〇〇六年）という本を出されました。サブタイトルが秀逸《すごい》ですね。「私立」の建学・教育理念を「志立」ならびに「資立」の視点から分析しようという、実にユニークな試みです。ケーススタディに挙げられた私立は、五大学（早稲田、慶応、同志社、日本女子、東海）でした。

私は、同志社大学の分析と論述を依頼されました。私立を志立と捉えた場合、同志社はどこにも負けない「志に立つ」私立です、というのが、拙稿の結論です。その理由は──まず外面《そとづら》から見ても、校名のど真ん中に「志」が入っている。地名や元号ではないのです。次に中身的にも新島襄の「志」（大学理念）が光っている。

新島の建学理念は、どこから見ても一流《ブランド》で、時代に先んじている。私立大学設立構想にしろ、女子教育の必要性にしても、大隈重信や福沢諭吉のレベルをはるかに越えて、先陣を切っております。要するに、ハード面でもソフト面でも、私立らしい私立、それが同志社である、と力説しました。

立志館は取り壊されても

大学だけでなく、私たちの母校、同志社中高も同じです。ハード面で言えば、校舎の名前や配置が志中心に仕上げられています。一九五五年に入学した時のことを皆さん、覚えていますか。

HRは醇厚館《じゅんこう》というボロッチィ木造校舎で、キャンパスの端っこにありました。入試を受けたのもここです。私は確か受験番号が四百十番でした。

入学した年にそれまでの木造の立志館（初代）に代わる新しい立志館（二代目）の新築工事が始まりました。以後、一九六九年まで三期におよぶ工事により、大きなビルとなって完成し、中学校の中枢《センター》になりました。位置的にも体育館と新彰栄館に挟まれた心臓部にありました。

これが数年前（二〇一〇年）に取り壊されました。中学が岩倉キャンパスに移転し、跡地が同志社大学キャンパスに転用されたからです。大学の敷地になれば、重要文化財の二棟（彰栄館とチャペル）を残して、みな更地にされることになっていました。

で、私は相談を受けた川瀬勝也校長（同中）に、せめて立志館は館名だけでも岩倉に「移植」してほしい、と申し上げました。理由は、ふたつ。ひとつは、同中の代表的な館名であったこと、いまひとつは卒業生の声を代弁する気持からです。岩倉に新生する同中の校舎名がすべてまっさらなら、卒業生のあずかり知らぬまったく別の学校となってしまうと思ったからです。母校である以上、ひとつだけでも卒業生にも馴染みのある校舎名を残すべきです。

さいわい、これは実現しました。岩倉に新たに誕生した立派な中学棟は、立志館（三代目です）の名を引き継ぐことになりました。ちなみに、中学用の新しい体育館の名前（雄飛館）も、私の提案が通りました。

志のトライアングル

三代目立志館のロケーションも大事です。岩倉キャンパスにすでに出来ていた高校棟が桑志館（二代目。初代は私たちが入学した年から工事に入り、竣工後はS館と呼ばれていました）、そして中高共用のチャペルが宿志館と名付けられていました。ので、これで三役そろい踏みです。すなわち、「志のついた建物」が三つ、中心部に並び立ったことになります。川瀬校長と私は、これを「志のトライアングル」と呼んで、喜び合いました。校舎の名前の点でも、中高は「志立」を表明しています。

ハード面だけでなく、ソフト面でも同志社中高は宿志館を軸に精神教育を行ない、新島の志を引き継ぐ教育を施します。館内に設けられた大小ふたつのチャペルの呼び名も、幸い私案が通りました。「グレースチャペル」（大）と「さきがけホール」です。これもうれしかったですね。

「グレース」とは、新島がアメリカ留学から帰国する際に、「帰国したらキリスト教の学校を設立したいので、ぜひ献金を！」と泣いてアピールした会場です。バーモント州ラットランドにあるグレース組合教会という教会です。そこから名前を借りました。

一方の「さきがけ」は、新島作詞の漢詩、「庭上の一寒梅」の最後の一句、「自ずから占む百花の魁《さきがけ》」から取りました。これらふたつのチャペル名が、後輩たちへのささやかなプレゼント、いや遺産となってくれれば、卒業生のひとりとしてうれしいです。

移転事業が一段落すると、川瀬校長は、今出川キャンパスに中学校跡地であったことを永く記念する碑を建てたい、と言われました。碑文は「立志」(揮毫は川瀬校長)、場所はチャペル前になりました。大学のメインストリートからすぐ見える所ですから、今度、皆さまも確認してください。

「立志」には、「志を立てる」だけじゃなく、「志に立つ」という意味も込められている、と私は拡大解釈しています。

チャペルは、私たちにとっては永遠のふるさとです。同中を卒業する時にもらった記念品は、このチャペルのメダルでした。私は今に至るまで、書斎に大事に飾っています。忘れた方もいるでしょうから、秋に出す拙著(本書です)の表紙カバーの裏に写真を入れておきます。

志に共鳴する

「志に立つ同志社」では、そこで学ぶ人、教える人、働く人、さらには卒業した人に対して、新島の志(つまりは建学精神)に共鳴することが期待されています。それができれば、その人は新島の「同志」です。校名の由来から言えば、同志社は同志が結社して創った学園です。

そのことが、鮮明に打ち出されたのが、NHK大河ドラマ「八重の桜」のいちシーンです。

今日は、その時の台本を持ってまいりました。これです。二〇一三年九月八日に放映された第三十六回のもので、タイトルは「同志の誓い」です。問題のシーンは、次のようなセリフでした。あちこちで披露していますが（本書でも九七頁）、今日はお手元のプリントに印刷しておきました。（　）や〔　〕はドラマを見ていない方のために、私が今回、勝手に入れた「ト書き」です。読み上げてみます。

覚馬《かくま》（西島秀俊）「学校の名前を考えてみだ」〔と言って、半紙を出させる〕
襄（オダギリジョー）〔書かれた文言を一字ずつ読む〕「同・志・社」
覚馬「新《あだら》しい日本を作りたいという同志が集《あづ》まる学校だ」
襄「いい。いい名前です」
八重（綾瀬はるか）「同じ志を持つ者、ですね」

ＮＨＫドラマ制作部のディレクターや脚本家は、ほんとにスゴイですね。私がぜひ入れたいという文言を向こうから先に入れてくる、ここなどその典型です。ドラマの時代考証をしていて、私的に一番、心に響いた場面がここでした。

志を継ぐ

志に共鳴した者の次なる課題は、その志を継ぐこと、つまりは行動面で「同志」になることです。同中は今出川キャンパスから岩倉へ転出する際に記念誌を出しました。その冒頭に入れるメッセージを校長から頼まれましたので、「立志をつなぐ」という題で、想いを文字に連ねました。この本は、残念ながら今もって卒業生の目には触れない限定出版物であるうえに、その内容が今日のお話しを先取りしていますので、まとめと復習を兼ねて、拙稿をレジュメに転記しました。読んでみます。

「立志をつなぐ」　本井康博（同志社大学神学部教授）

「同志社」のど真ん中には、「志」があります。「志」がなければ、「同志社」ではありません。今出川キャンパスの中心に永年、立つものは、同志社中学校（同中）の「立志館」でした。

このキャンパスは、同志社創立（一八七五年）の翌年から百三十余年にわたって今日まで、一貫して同志社の中枢を占めていました。とりわけ同中は、この一角を占め続けた「今出川の主《あるじ》」でした。レンガ造りの重要文化財校舎を二棟も使用する中学校は、全国的にも稀《まれ》でしょう。同中はいつの時代でも今出川で老舗《しにせ》風味を醸《かも》し続けてきました。

かつて薩摩藩邸であった頃、ここを西郷隆盛や坂本竜馬、木戸孝允らが闊歩《かっぽ》しました。新島襄は「第二の維新」という大志を抱くことを同志社の青年たちに期待いたしました。

それから一世紀以上を経て、同中はいよいよこの地を去り、市内北方の岩倉に移転します。「立志館」の名前だけは、岩倉に「移植」されます。岩倉に雄姿を見せる新しい立志館（三代目）は、「桑志館」（同志社高校の中枢部）や「宿志館」（中高共有部）と並んで、「志」入り校舎の三点セットになります。同志社の徽章（バッジ）や鼎の三足のように、三棟は「志のトライアングル」

を形成いたします。立志舘は、岩倉に移転後もキャンパスの中枢部を受け持ちます。

同中は、岩倉への移転にさいして、今出川キャンパスの跡地にあらたに記念碑、「立志」の碑を残します。将来もここで学ぶものへの「置手紙」になります。記念碑は、創立者の新島が抱いた大志を自らも立て、内に宿し、永劫に引き継いで行くことを後に続く者たちに期待して、建てられました。

新天地で再出発する同中もまた、いつまでも「立志の礎《いしずえ》」であり続けることを卒業生は望んでいるはずです。

(『Ever Yours 同志社中学校今出川キャンパス記念誌』同志社中学校、二〇一〇年三月)

新島の志を継ぐのが同志

「立志をつなぐ」にしろ、「志を継ぐ」にせよ、その中軸にあるのは、同志社の場合、つねに新島の志です。二〇〇九年のことですが、同志社が以前に保有していたキャンパスを買い戻したことがあります。すなわち、京田辺キャンパスを購入したので、同志社は今出川新町通り下《さが》ルに保有していた土地(昔は、たしかプールやら体育館でした)を売却しました。そこがホテルに変わりました。

ですが、ホテル(最終的にはホテルレジーナ京都)の経営が立ち行かなくなり、数年前、再び同志社が買い戻しました。そのため、新しい館名が必要になり、私に命名の依頼がまいりました。即座に提案したのが、「継志館」です。「志を継ぐ」ということを、なんとか目に見える形でキャンパスに残しておきたいという意図からです。

じゃ、継承すべき新島の志とは何か、です。ひとまず、建学精神や教育理念ですが、その中身の捉え方は、人により違うでしょうね。最も多いのは、「自治・自立」、「自由」、「良心」、「キリスト教」、「隣人愛」あたりでしょうか。それ以外にもあると思います。

今日は、以上の周知のもの以外に、私たちにゆかりの深い別の理念を提示してみます。

「ひとりは大切」

それは、「ひとりは大切」という精神です。正確に言いますと、「諸君ヨ、人一人ハ大切ナリ　新島襄」です。この文言は、新町キャンパスの正門から入ってすぐのところ、前方正面の校舎をつなぐ渡り廊下の壁面に大きく彫ってあります。目立つ点から言えば、「良心碑」の何百倍でしょうね。

もちろん、後者は今では日米に九本（私たちの頃は、たった一本でした）も立てられていますから、新島の言葉を彫った碑としては、断トツですし、知名度もそれなりにあります。けれども、存在感の大きさでは「ひとりは大切」に負けています。

「ひとりは大切」は、どこか聖書的ですね。新約聖書には「見失われた一匹の羊」というよく知られた話しが出てきます。

「あなたがたの中に、百匹の羊を持っている人がいて、その一匹を見失ったとすれば、九十九匹を野原に残して、見失った一匹を見つけ出すまで捜し回らないだろうか。そして、見つけたら、喜んでその羊を担いで、家に帰り、友達や近所の人々を呼び集めて、『見失った羊を見つけたので、一緒に喜んでください』と言うであろう」（「ルカによる福音書」十五章四節～六節）。

これを地で行くのが、新島です。先の新島の発言は、晴れの同志社創立十周年記念式席上でのことです。式辞を述べる新島は開口一番、自分の渡米中に退学を命じられた数名の学生たち、とりわけ林くんのことを思い、「いまどこで何をしているだろうか」と落涙したといいます（詳しくは拙著『ひとりは大切――新島襄を語る（二）――』九六～一〇九頁）。目の前の優等生よりも、落ちこぼれていなくなった学生のことが気になってしかたがない羊飼いでした。

今日は、文言の中身以外にも注目しておきたいことが一点あります。渡り廊下に彫られたあの文字は、新島の直筆を拡大したものじゃありません。「良心碑」と違って、元になる手紙や草稿はありません。式典での校長式辞の一節なんですが、原稿が残っておりません。式辞をその場で聞いていた学生（広津友信くん）が忠実に筆記してくれていたので、中身が今に伝わっているというわけです（本文は①一〇七に収録）。

けれども、まさか広津くんが書いた字体で彫るわけには参りません。そこで、壁に彫るにあたって、あらためてプロに揮毫してもらいました。今井田緑苑《りょくえん》さんという女流書道家です。

「え、今井田――?」。そうなんです。ここにおられる我らが代表、今井田一海《ひとみ》くん（三五《さんご》会の会長）の義理のお姉さん（ご主人は当時、本学理工学部教授の今井田豊先生）です（『ひとりは大切』一五八頁）。

本会にゆかりの深い関係者による揮毫であることを記憶に留めておきたいですね。

すべての人を「さん」付け

さて、退学処分にあった林くんもそうですが、ほかにも新島が心にかけた「ひとり」で外《はず》せないのは、松本五平でしょう。初代の小使い（今の用務員）です。同志社の学生たちは「おい、五平！」とばかり、偉そうに呼び捨てにして、顎《あご》でこき使います。けれども、新島校長は違います。常に「五平さん、○○してください」と呼びかけました。こうした「さん付け」は、相手が学生であれ、大臣であれ、はたまた妻、女中（お手伝いさん）、看護婦（看護師）であれ、誰に対しても同様です。「一視同仁」という言葉は、まるで新島のためにあるような気がします。

それに関して最近、『湖畔の声』という雑誌（芹野与幸《ともゆき》氏提供）に似たような話が載っていることが分かりました。これまであまり知られていなかったエピソードで、私も一読してすごく感激しましたので、皆さまにも「お裾《すそ》分け」します。牧野虎次という教え子が書き残した回想文です。

社会事業家や同志社総長として活躍し、京都市名誉市民（第一号）となられた先生です。その先生が、「新島先生と社会事業精神」というタイトルで書かれたエッセイの中に、「最後の一人の愛護者」という項目があります。次に全文を引いてみます。

「まかないさん」にも

抑々《そもそも》新島先生は如何《いか》なる場合にあっても、最徴者のひとりに対する愛着心を失はれたことがない人であった。小使〔用務員〕、給仕、車夫〔人力車運転手〕等に至るまで一々、丁寧にさんづけにして、屹度《きっと》何々さんと敬称を以《もっ》て対談せられた事は、我等の忘れることの出来ぬ印象であった。

嘗《かつ》て盲人〔視覚障がい者〕と対座せられた時、先生は自分にコートを着ずに居《お》られたことを恥ぢ、相手に対してその旨を申し出《い》で、諒恕《りょうじょ》を乞《こ》はれたと云ふ逸事を承《うけたま》はって居《い》る。

予が在校の頃は、一般青年学生の気分が、何処《いずこ》とも荒々しくて、食堂内で「賄征伐《まかないせいばつ》」と云ふことが、流行して居た。同志社でも御多分に漏れず、寄宿生が食堂内で屢々《しばしば》乱暴することがあった。何か気に食わぬことでもあると、連《しき》りに「マカナイ、マカナイ」と給仕を呼びたてて、そのマゴツク有様を見ては、痛快がると云ふ浅墓《あさはか》な振舞をしたものだ。

斯《かか》る場合に時とすると、学生達の給仕を呼び立てる荒々敷《あらあらし》き連呼中に、聞き慣れぬ物静かな声で「まかないさん」と呼ぶ声に、誰かとふりかへれば、一隅に先生が座をしめて中食し居られた。それで一同、恐懼《きょうく》したといふことが、時々あった」（『湖畔の声』一三頁、一九三七年七月号、近江兄弟社、傍点は本井）。

「最徴者」

文中の「最徴者」は、キーワードです。聖書の言葉で言い換えると「もっとも小さい者」に当たります。「わたしの兄弟であるこの最も小さい者のひとりにしたのは、わたしにしてくれたことなのである」というイエスの発言がそうです（「マタイによる福音書」二五章四〇節）。

新島は忠実にこの言葉を受け止めています。牧野はそうした恩師の姿勢を、「最後の一人」に目を止める「愛護者」、と見なしています。新島を「最も弱い者の守り神」と捉えるなんて、牧野の慧眼《けいがん》が光ります。

で、牧野もまた新島の志を継ぐ同志のひとりとなります。彼は同志社を出てからは、北海道の集治監《しゅうじかん》（刑務所）で教誨師として働きますが、そこに恩師の感化が窺えます。牧野の回想は、なお続きます。

「国家社会の実情に即して同胞救済の工夫を凝《こ》らすと云ふことは、先生の志を継ぎ、その壮図を完ふせんと冀《こいねが》ふ者の一日も忽《ゆる》がせにすることの出来ない處《ところ》だ。先生の門下より最後の一人の生存権を擁護する社会事業家が続々輩出するに至ったのは、蓋《けだ》し当然であらう」（同前、一四頁、傍点は本井）。

「最微者」や「最後の一人」に目を注ぐ新島は、自分自身こそ（彼の言葉をそのまま引用すれば）「もっとも小さな者（a least one）」であるとの自覚をしっかりと持っていました（拙著『裏のライフは私のライフ——新島襄を語る・別巻（四）』一一八頁）。

ですから、自分が人の上に立つ校長であるとか、学生よりも偉い教師である、といった驕《おご》った意識は、まずありません。「我輩は生涯、先師タラス、無智之《の》後弟ナリ」と確信していました（同前、一一九頁）。「先師」ではなく、あくまでも「後弟」なんです。それも「無智の」というわけです。あまりのことに、謙遜過多と思われてしまいそうですね。

こうした姿勢は、新島の志というよりも生活信条、あるいは身に着いたライフ・スタイルと言ったほうが、適切でしょうね。新島襄のスゴサは、壇上で大言壮語する英雄、豪傑のイメージとは、まさに逆です。学生に交じって学食の片隅でランチを摂りながら、物静かに「まかないさん」と呼ぶ声にあります。

ちょっと脱線しますが、たしか私たちは中学生の時に、あのチャペルで最晩年の牧野先生（すでに総長を引かれていました）の話を一度だけ聴いているはずです。内容は何も覚えていません。ほかには、中学校グラウンドでの創立式典に徳富蘇峰が来られた記憶があります。大学生の時には、足利武千代と今泉真幸《まさき》という大先輩のお姿を拝見しました。新島の直弟子で私が会えたのは、以上の四人だけです（足利については、拙著『錨をあげて――新島襄を語る（三）――』に入れた「小学生に『脱帽』」を参照）。

志のある人生

今日は、志という単語をキーワードにして、昔ばなしを交えて、お話しいたしました。ここにおられるたいていの人は、中高大の十年間にわたって、ユニークな「志ある学園」で学ばれたわけですから、私たちは同志社の志や新島襄の志を受け継ぐ「同志」に一番近い人種のはずです。だから、次には「志ある人生」をさらに模索する者でありたいと願います。

大学を出るとき、私は茂《しげる》義太郎先生から色紙をいただきました。「志あるところ　道あり」と書いてくださいました（拙著『志を継ぐ――新島襄を語る（十）――』二二二頁に画像を入れてあります）。茂先生は、私たちが同志社高校在学中の校長先生でしたが、私には牧師のイメージの方が強いのです。なぜか、と申しますと、先生は同志社教会の牧師を兼務されていたからです。

大学二年生になってから、私は同志社女子部（女子中・高・大）にある栄光館（日曜の午前中は、あそこが同志社教会でした。今も、そうです）で守られている礼拝に通い始め、一年後に茂牧師から洗礼を受けました。それが今の私の原点となりました。あれから半世紀の間、私はイエスの教えとともに「新島の志」を道路標識《ナビゲーター》として自分の進路を決めてきたような気がします。

ちなみに、今から二十年以上も前ですが、私たちの機関紙、『同志社三五会ニューズ』（一六、同志社三五会、一九九四年九月）に、「夢は新島伝」なる拙文を寄せたことがあります。以来、出した「新島本」の数だけは、すこぶる多くなりましたが、「新島伝」の完成版にはほど遠い感じです。新島襄の研究者として、まだまだ免許皆伝じゃありません。最後の職場が神学部でしたから、退職後は新島のことを伝える伝道師（語り部）として微力を尽くしたい、と念じています。

「幸いなるかな、心の貧しき者。天国はその人のものなり」という世界を聖書は私たちに約束してくれています。そうした世界の実現を目指して、新島の同志となって最期まで共に歩み続けたいものです。

（第十六回同志社中高・三五会総会、京都ホテルオークラ、二〇一六年五月二八日）

広岡浅子と土倉庄三郎
――朝ドラ「あさが来た」をめぐって――

近くて遠い奈良

京都市民は、奈良を見る目が厳しいのでしょうか。「奈良にあるものは、すべて京都にある」みたいな驕《おご》りや錯覚に囚《とら》われやすい。小中の遠足で大仏や若草山に行ったから、奈良はそれで終わりという市民がいたりします。かく言う私がそうでした。

それが、私の場合、日本のお寺などが世界遺産につぎつぎに登録された頃から、反省期に入りました。「観仏三昧《ざんまい》」とまでは行きませんが、京都市内の幾多の世界遺産（二条城を除いて、すべて神社仏閣です）はもちろん、奈良のお寺や仏さまもできるだけ鑑賞したいと思うようになりました。

なんといっても、奈良は京都にとっては、先輩やら兄に当たる存在ですから。

特に神学部退職後はそうした気持ちが高揚してきました。

そこで、今日も会場入りする前に、奈良基督《キリスト》教会と興福寺に寄ってまいりました。前者は会堂（一九三〇年竣工）が昨年、重要文化財に指定されたことも、きっかけになりました。かつて東向《ひがしむき》商店街をぶらついた時に、前を通ったことは二度あるのですが、中に入ったのは初めてでした。

同志社にも重要文化財に指定されているチャペル（一八八六年竣工）があります。こちらが洋風のレンガ造りなのに対して、奈良のは木造で、暖かい雰囲気のする純和風（数寄屋風）でした。

聖公会が奈良伝道を開始したのは、魁《さきがけ》となった同志社系のプロテスタント教派（組合教会）より少し遅れて、一八八二年くらいからです。会堂もさることながら、新知見は今の司祭（ヨハネ井田泉氏）が同志社大学神学研究科の出身者だという点でした。

同志社が教派としては現在、日本キリスト教団に所属しているのに対し、こちらの教会は立教系の日本聖公会（所属は京都教区）です。ので、神学部の元教員にはちょっとした驚きでした。他教派の伝道者を世に送り出すのも、同志社の貢献のひとつなんでしょうね。

興福寺

次に回った興福寺は、凄かったです。五重塔（高さ五十メートル）は、京都市民の性《さが》から自然と東寺のもの（五十五メートル）と比較してしまい、「五メートルの差」で見がちです。しかし、仏像は質量ともさすがに圧巻でした。阿修羅《あしゅら》像が霞むくらいです。

数ある史料では、『日本霊異記《りょういき》』（現存する日本最古の写本）に関心がありましたが、残念ながら展示はされていませんでした。この写本を見たかったのは、私的な縁からです。

仏教説話文学を専攻する娘（筑波大学准教授）が、この国宝の調査をさせてもらったことがあります。で、娘は光栄にも興福寺仏教文化講座（二〇〇七年五月、六月）に招かれ、講師を務めました。キリスト教史が専門の私には、チンプンカンプンな講演です。神学部を出ていない私はギリシャ語ができないので、シェイクスピアに倣《なら》えば、It's all Greek to me. とでも言うべき話しです。なので、私は受講しておりません。演題は、「日本説話文学と金蔵論《こんぞうろん》（上、下）」でした。

あわてて俄《にわ》か勉強をしてみますと、興福寺が所蔵する『日本霊異記』は、ある写本のウラ（紙背）を再利用したもので、実はオモテに書かれた「金蔵論」も国宝クラスの重要文献だ、ということらしいのです。芸能リポーターなら「ウラ技」を駆使して、「B面《うら》が実はメガヒット曲!!」とかなんとか、さっそくスクープに仕立てあげる類《たぐい》の新発見のようで、興福寺の関係者も喜ばれたそうです。

娘は研究成果を宮井里佳《りか》教授（埼玉工業大学）と共著で『金蔵論――本文と研究――』（臨川書店《りんせんしょてん》、二〇一一年）にまとめて発表したところ、「新村出賞《しんむらいずるしょう》」（二〇一一年）を二人揃って受賞、という栄誉に恵まれました。ということで、今日の興福寺詣出《もうで》は、ほとんど親バカ丸出しの「お礼参り」でもありました。

奈良と同志社

さて、今日は奈良県に在住される卒業生の集まりですから、同志社大学に引きつけて申しますと、同志社にしても、奈良を再認識しなければいけません。意外に同志社に近い県であることをとかく私たちは忘れやすいですね。分かりやすいのは、たとえば京田辺キャンパス。あそこは、奈良県に近い。同志社国際学院に至っては、もう奈良市に隣接しています！　京田辺は奈良から通学しやすいこともあって、本学に合格する県民の数は相当なものです。

奈良に限らず、同志社は京都にありながら、地元よりも近隣府県からの入学者の方が多いという変わった大学です。今年度（二〇一六年度）の数字で言えば、合格・入学ともトップは断トツで大阪府です。毎年、不動です。二位の兵庫も常連で、三位はなんと愛知県です。中には新幹線通学する者がいます。そしてわが京都府はようやく四位です。

では、奈良県はと言えば、五位に食い込んでいます（合格が二千五百八十人、入学が九百二十三人）。分母を考慮すると、合格率では京都を抜いてるのじゃありませんか。

卒業生にしても、全国組織である同志社校友会の奈良支部とは別に、学部別の組織化も進んでいます。法学部卒業生の場合、昨年にこの政法会奈良支部が誕生し、今日が二回目の定期総会とお聞きしています。それだけ、奈良在住の卒業生が数とももども、勢力拡大中ということですね。

突然の土倉ルネッサンス

今月はこのあと、二週間後（六月十六日と十九日）にも奈良で調査（お墓の探索）や講演をいたします。今まで奈良とさほど縁が深くない私にしては、上出来です。

今日は、奈良ゆかりの土倉（どぐら、と読みます）庄三郎をめぐる人びとのことも話題にしますが、十九日は土倉メインのお話しです。吉野郡川上村の総合センター、「やまぶきホール」で行なわれる土倉庄三郎翁没後百年記念事業（シンポジウム）です。

ここでまず問題にすべきは、なぜ急に土倉が持てはやされるようになったのか、です。たしかに、今年は永眠百年の区切りの年です。

しかし、もっと大きな理由は、ＮＨＫの朝ドラ、「あさが来た」（昨年九月～今年の四月）で脚光を浴びたからです。土倉は山県有朋《ありとも》から「樹喜王」の号をもらったり、「大和の山林王」の異名をとったくらいですから、地元（とくに出身地の吉野郡川上村）ではもちろん郷土の偉人です。

それが、「あさが来た」で全国区にレベルアップしたというわけです。とりわけ、広岡浅子や土倉と関係が深い日本女子大学は、観光スポットになりました。三年前の大河ドラマ「八重の桜」が沸き起こした八重ブームで、同志社の新島旧邸が賑わったことを思い出します。

土倉と同志社

土倉は新島襄や同志社にも縁が深いだけに、同志社とて放っておくわけにはまいりません。十九日の川上村での式典には同志社を代表して大谷《おおや》實総長が、そしてシンポジウムのためには私が参加します。一方の土倉ゆかりの日本女子大学も、学長（理事長兼務）と副学長（二人）の揃い踏みです。熱の入れ方がすごいですね。

研究にしても、同志社は立ち遅れています。学内で土倉を研究する者は、ほぼ皆無です。私にしてもせいぜい十数年前のことです。本格的に始めたのは、二〇〇四年からですから、キャリアも薄いです。同年、東京新島研究会の会員有志が「土倉庄三郎翁遺跡を訪ねる会」を名乗って、私に川上村ツアの現地ガイドを要請してこられました。四月十日（旧暦なら、土倉の誕生日でした）にガイドとして、初めて吉野（川上村）に足を踏み入れました。京都からはさすがに遠かった印象が残っています。

この時の現地調査を踏まえたうえで、翌年、「土倉家の人びと」ならびに「土倉庄三郎」の二編を脱稿しました。前者は『同志社談叢』二五（二〇〇五年三月）に寄稿しました。長さだけでは四十三頁にも及ぶ「大作」で、二十数名もの一族を紹介しました。後者は、同月に出版した拙著『新島襄の交遊』（思文閣出版、二〇〇五年三月）に収録しました。

広岡浅子と土倉庄三郎

それから十余年を経て、まさかの土倉リバイバルです。それで、かつての研究成果をあらためて咀嚼《そしゃく》したり、新資料を漁《あさ》ったりする日々が突然始まりました。とくに開拓しなければいけないのは、ドラマのヒロイン、広岡浅子と土倉との関係です。

実は、私はキリスト教史関連の文献で浅子の名前くらいは承知していました。その折は、せいぜい財閥出身の女性資産家にして信徒、といった程度の認識でした。それに、朝ドラもまじめに見ておりませんでした。

そこで、今回、あわてて総集編（しかもその後半だけ）をＮＨＫの再放送で見てみました。「八重の桜」で時代考証をした経験がよみがえってきて、自然にスタッフの立場で身を入れて見てしまいました。それはともかく、内容的には成瀬仁蔵《じんぞう》（ドラマでは、「ナルさま」こと成沢泉《なるさわ》）の出番が思いのほか多かったのに対し、土倉（ドラマでは工藤徳右衛門）はほとんどありませんでした。

ヒロインの浅子が、成瀬の女子大構想を支援したことは、ドラマ後半の最大の見せ場です。ならば、土倉だって、同様な扱いをしてほしかったですね。日本女子大の校史では、二人はちゃんと創立者扱いで、こう評価されています。

「実に此《こ》の土倉氏と広岡夫人とが後援者となられた事によって、女子大学の最初の礎石は据ゑられた」（『日本女子大学校四拾年史』三〇頁、同校、一九四二年）。

成瀬が女子大構想を抱いた時、まっさきに支援の要請をお願いに行った人物が三人います。内海忠勝（郷土の先輩に相当する旧長州藩士で、大阪府知事）、土倉、そして広岡です（同前二九～三〇頁）。

このうち、内海は各地の知事を歴任しましたが、新島が死去する直前（一八九〇年一月）、長野県知事に就任します。おりしも長野伝道を手掛けていた新島の義理の甥（公義《こうぎ》）は、新島に宛てて「〔内海〕氏は基督教《きりすときょう》の大賛成家」と歓迎しております（⑨下、一二三〇）。

ついで、土倉ですが、彼は広岡を成瀬に紹介した人物ですから、キーパーソンです。

同じようなことは、同志社大学の場合も言えそうです。新島にとって土倉の献金は、大学設立運動に火をつける結果になりましたから。この点は重要ですから、少し詳しく見て行きます。

初穂は土倉から

土倉が同志社大学募金に協力する（最終的な金額は五千円です）と約束したのは、新島宅訪問の時でした。一八八一年十月のことで、二人の息子（次男と三男）と立憲政党新聞の古沢滋が同行しています。本来の意図は、子どもを同志社に預けることでしたが、座談の流れで瓢箪《ひょうたん》からコマのように大学案が浮上します。新島はこれを設立運動の起点と捉え、次のように回顧しております。

「偶々《たまたま》、談《だん》大学ノ事ニ及ビ、古沢氏尤《もっと》モ大学ノ必要ヲ談セラル。襄亦、私立大学ノ要旨ヲ語リ、且《かつ》同志社ニ於《おい》テ其《その》計画アル事ヲ談セシカバ、土倉氏之《これ》ヲ賛成シ、応分尽力セン事ヲ約セラル」（①一八五）。

「其後、襄ハ数々、土倉氏ヲ其宅ニ訪ヒ」とあるように（同前）、新島は大阪でも土倉と面談し、大学案の協力を要請しています。五千円の寄付約束も大阪だったと新島は書いていますが（同前）、実際には翌年一月にわざわざ川上村の土倉邸まで参上して、約束を取りつけているのが事実です。

この時、新島は大阪滞在中で、突然思い立って同月十日の朝十時半に吉野へ発ちました。御所《ごぜ》で一泊し、翌日は「大風雪ニ逢フ」ものの、午後四時に土倉邸になんとか着いております。今なら五社《ごしゃ》トンネルですが、当時は五社峠を越える一日半のシンドイ行程です。ようやくたどり着くと、先客に中島信行（自由党副総理、後の初代衆議院議長）と岡崎高厚《たかあつ》（立憲政党）がおりました（⑤一一三～一一四）。

土倉は自由民権運動家である関係から、同家は「自由民権運動の台所」と言われたりしておりますので、それを立証するような来客の顔ぶれですね。新島も板垣退助や植木枝盛《えもり》を始めとして民権家とも交流が深かったので、こうしたことが土倉と新島を結びつけるひとつのリンクとなったと考えられます。川上村には十五日まで滞在し、その間、新島は三夜連続して村民相手に講演をしておりますす（⑤一一四）。土倉の依頼でしょうね。

ちなみに、岡崎高厚は、土倉同様に新島の葬儀には弔電を寄こしています。

法学部

いまひとつ、見落とせないのは、この時の土倉の寄付が、同志社にとっては最初の大学設立募金であること、ならびにこの寄付は指定献金だという二点です。新島自身も「土倉氏、法学ノ為、予ニ五千円ヲ投スル事ヲ約セリ」と明記しています（⑤一二三、傍点は本井）。

今日は法学部を卒業された方の集まりですから、とくにこの点は、強調しておきます。新島は「法科ヲ設クルニ五万円」と概算していますから（①四六）、土倉の五千円は目標額の十分の一に当たります。今なら億でしょうか。新島は五千円では満足できず、三万円に増額してもらいたいと懇請していますが、さすがにこれは拒否されました。

結局、新島の生前には、政法学校（ロースクール）は実現しましたが（ただし、新島の死後に廃校）、法学部、すなわち同志社大学は設立されませんでした。だから、土倉の五千円はロースクールに充当された可能性があります。

法学部の立ち上げはさらに遅れます。新島死後二十二年を経た一九一二年に至って、初めて同志社大学が誕生します。この時の学部は、神学部と政治経済部のふたつだけで、ほかに英文学科が出来ました。最初の学部に法学部が入っていることに、土倉もさぞかし満足したのではないでしょうか。

それから五年後に土倉は永眠します。川上村での葬儀には日本女子大学から学長の成瀬と、学監

（いわば副学長。後に二代目学長）の麻生正蔵《あそうしょうぞう》がそろって駆けつけました。一方、同志社を代表して弔意を表したのは、同志社社長（現総長）で初代大学長の原田助《たすく》でした。麻生にしろ原田にしろ、奇しくも同志社の卒業生、しかも新島の教え子でもありました。

同志社に子女の教育を託す

土倉と新島との関係は、お金だけじゃありません。そもそも、最初の接触は男児ふたりの入学相談のためでした。土倉は、次男と三男に続いて、子女（親戚の娘を含めて）を次々と同志社に送りこみます。子どもの数は十一人（孫は最終的に三十四人）に上りますが、そのほとんどを新島に託します。とくに女児たちは大阪の梅花女学校から転入学させるほどです。

土倉は信徒でないにもかかわらず、梅花女学校の場合もそうですが、同志社の精神教育（宗教教育）の重要性を十分に理解していたようです。そうした点が、新島との接点を生んだいまひとつの要因であったと思われます。ただ、「極めて進歩的な教育持論」の持ち主、と言われるものの（『日本女子大学校四拾年史』五二〇頁）、その内実については、明確ではありません。たしかなことは、独自の教育観ゆえにこそ、成瀬ばかりか、新島との接点が生まれたことです。

それぞれの子女についてはすでに別のところ（拙著『新島襄の師友たち』所収の「土倉家の人びと」）で紹介済みですので、ごく簡単に述べてみます。とりわけ女学校に入った長女の富子（横浜正金《しょうきん》銀行頭取の原六郎夫人になります）、次女の政子（後に外務大臣、内田康哉《こうや》と結婚）、双生児（三女、四女）である糸（通称は大糸、夫は医師の川本惇蔵）と小糸（夫は医師の佐伯理一郎）は、いずれも夫妻して大活躍します。

同志社への寄付

土倉家の中で、同志社と特に深い関係を結ぶようになる人物となると、なんと言っても佐伯理一郎です。夫妻して同志社理事（妻の小糸は同窓会会長も）を務めます。それ以外にも佐伯は、同志社が売却せざるをえなくなった同志社病院と京都看病婦学校を買収しました。そればかりか、同志社が大学予定地（旧彦根藩邸）として購入していた土地を経営難のために放出せざるをえなくなった時にも、買い取っています。

いずれの場合も、一介の街医者が単独で調達できる資金量をはるかに越えています。ので、あるいは、夫人の実家（土倉家）から資金提供があったのでは、と推測せざるをえません。いずれにせよ、佐伯夫妻は同志社の財政的窮地を救う助っ人として貴重な存在でした。

佐伯に次ぐ人物は、原六郎でしょう。義父に負けじとばかり、六千円を同志社の大学設立資金として寄付いたします。大学設立募金の金額で言えば、あの渋沢栄一と同額一位です。原は他にも同志社の経営に千円と寄宿舎建設に四百円を出しています。したがって、ファミリーでの総額で言えば、土倉一族の寄付金額（一万二千四百円）は、渋沢、さらには岩崎家（三菱）をはるかに超えます。

八重の協力

たくさんの子女を土倉から預かった新島家では、八重の協力も不可欠でした。寄宿舎に入った子どもたちを保護者代わりに可愛がっています。夫妻して保証人になっております。次男など六歳で入学しますから、いまなら幼稚園児か小一ですよね。八重は母親代わりに、休日には街に連れ出し、行楽や食事をさせたりしています。土倉家の子どもたちと一緒に撮った八重の写真が、何枚も新島家の遺品として残っています。

そんなことを考慮したのでしょうか、新島は晩年、自分が死んだ後の八重のことを慮《おもんぱか》って、八重の生計が成り立つような工作を土倉に依頼しています。マッチの原木を植える資金として三百円を投資し、何年後かに利益が出始めたら、八重に支給してもらいたいというプランです。しばらくは有効に作用したようですが、最終的には土倉家自体が経済的破綻に遭ったために、長続きはしなかったようです。

成瀬と浅子の出会い

土倉については、後にまた述べるとして、浅子に戻ります。浅子の周辺で大事な働きをした成瀬との出会いを彼女自身の言葉で見ておきます。

「私が女子教育についていささか考えを持っていることを知りまして、種々の人が尋ねて来まして、何学校を設立するとか、何女学校を計画したし、とか申しまして、私の賛成と尽力とを求めましたことは随分たびたびありました。

成瀬先生はある人〔これが土倉です〕の紹介で私の宅においでになりまして、〔中略〕学校を設立したし、賛助せよと言われましたが、当時、私は依然として之《これ》を助ける意はございませんでした」（「余と本校との関係を述べて生徒諸子に告ぐ」、『日本女子大学校学報』第一号、一九〇三年）。

浅子はこの頃、会社経営に忙殺されていたためか、教育どころではありませんでした。しかし、後に成瀬の代表作、『女子教育』（青木嵩山堂、一八九六年）に目を通してから、彼女の人生観は一変します。「繰り返し読みましたことが三回、私はこれを読んで感涙、止まらなかったくらいでした。そこで私はこの人こそ真に女子教育を託すべき人、また自分の希望する女子を養成することのできる方と信じました」（同前）。

女子教育に開眼

浅子は成瀬に肩入れすることを決意し、女子大設立費用として五千円を寄付します。その背景には、彼女の少女体験がありました。彼女は、子ども時代、学問に強い興味を示し、兄弟が音読する中国古典を引っ張り出して来ては、意味もわからないまま声に出して読んでいました。

しかし、「女子に学問は不要」とされた時代、「男子のすることを真似てはいけません」と叱られ、ついに十三歳の時に、両親から読書を禁じられてしまいます。後年、浅子はこう回顧しています。

「なぜに女は男のすることをしてはいけないのか。男女は能力や度胸においては格別の違いはない。

いや、女子は男子に比べてさほど劣らない」（「余と本校との関係を述べて生徒諸子に告ぐ」）。

こうして浅子は自ら寄付をするだけでなく、実家の三井家を動かします。目白の三井家の別荘（五千五百坪）が、今の目白キャンパスになります。軽井沢の別荘もそうです。女子大のセミナーハウスとして、成瀬はこれを三泉寮《さんせん》と名付けます。私も一度、成瀬仁蔵研究会からそこに呼ばれ、新島と成瀬の交遊について話しをしたことがあります。

浅子の受洗

女子教育に開眼した浅子は、つぎにキリスト教に目を開かれます。求道し始めたのは意外にも晩年で、宮川経輝《つねてる》牧師（同志社出身の「熊本バンド」のひとり）の指導を仰ぎました。宮川への心酔振りは、一九一〇年に浅子が宮川経輝『心霊の覚醒』（一九一〇年）を出版した一事にも、よく表われています。

この師弟間の当時（一九一〇年）の交流を示してくれるのが、宮川による定期集会です。水曜の朝の「広岡夫人其他特志家の為の聖書講義」のほかに、金曜の午後、「加島《かじま》銀行講話」を実施していります（加藤直士『宮川経輝伝』一二三頁、日本基督教団大阪教会、一九五二年）。加島銀行は浅子の銀行です。

一方、浅子の側で言えば、宮川の説教集の編集・出版に力を尽くした結果、その数は数冊に及んでいます。

たとえば、『無声の声』（一九一一年）がそれで、「先生の愛弟子、広岡浅子女史が先生の名説教の二、三を請ふて、別に美しき小冊子となし、弘く知人間に頒布したもので、巻頭同女史の序文は、よく師弟間の主《しゅ》にある交誼《こうぎ》を物語ってゐる」と解題されています（同前、二二六頁以下）。

一九一一年のクリスマス（十二月二十五日）に浅子は六十歳で宮川から大阪教会において受洗いたしました。信徒になってからは、キリスト教婦人矯風会（矢嶋楫子《かじこ》会頭）や日本ＹＷＣＡなどの幹部として社会活動にも力を尽くします。

その余波でしょうか、女子大学校への貢献度は下落します。「明治四十二（一九〇九）年大患後、基督教に深く帰依されたので、本校への来校も少なくなった」とあります（『日本女子大学校四拾年史』五二四頁）。

洗礼から数年後の一九一七年、浅子は同志社系のキリスト教週刊紙、『基督教世界』に「九転《きゅうてん》十起生《じゅっきせい》」というペンネームでエッセイを連載し始めます。後にこれをまとめ、増補して出版したのが、『一週一信』（一九一八年、婦人週報社）です。浅子唯一の著書です。

同書の冒頭には、「七十になる迄」と題した自伝的手記があらたに書き下ろされました。それによると、還暦を迎えて、精神生活に「一大革命」が起きたといいます。その起点が、宮川牧師との出会いです。一九〇九年暮れに菊池侃二《かんじ》大阪府知事から成瀬、宮川と共に自邸に招かれたさい、浅子と宮川をよく知る成瀬が、宮川にこう頼み込んだといいます。「此《こ》の御婆さんはどうも仕方がない。君、教育してくれんか」と。成瀬はこの点では、浅子の恩師です。

宮川に続いて浅子の指導を受け持ったのが、山室軍平（日本救世軍）です。宮川も山室も、同志社で学んだ伝道者です。ということは、浅子の信仰を育てたのは、同志社の関係者だと言えましょう。

参考までに朝ドラにはまず出ない浅子の発言（祈りだからです）を引いておきます。

「願はくは世の人々、暗きを捨て光りに充《み》ちたる此《こ》の境地に入り、基督と共に歩む喜びに一日も早く達せられんことを。既に神の恵みを受けたる人々は、これを隣人に頒《わか》って、光輝ある社会を一日も早く臨《きた》らすことが出来るやう、共に力を致されん事を切に祈って止まぬのであります」（『一週一信』三二頁）。

浅子の周辺

そのほか、浅子の周辺には興味あるエピソードや小ネタが散らばっています。いくつかを拾ってみます。

ヒロインの広岡浅子は京都の豪商、三井家の娘として生まれます。同じく大阪の豪商、広岡家の若旦那と結婚したあとは、徐々に女性実業家への道を歩みます。しかし、後半は教育者としての側面を強めます。成瀬の支援者として、日本初の女子大学設立に貢献いたします。

京都から見て注目したいのは、娘の亀子が京都の女学校（府立第一高等女学校）に進学したことです。同期生に井上秀という才媛がいました。彼女は卒業後、「同窓の広岡亀子氏のゆかりによって」広岡家に寄宿し、浅子を知るようになります。その後、浅子の秘書を経て、日本女子大学校に第一期生として入学します。卒業後は母校の教員となるだけでなく、最後は第四代校長や女子大学教授として、成瀬や麻生の事業を引き継ぐ働きを残します（『日本女子大学校四十年史』五一二～五一三頁）。

ところで、第一高等女学校は、現在の京都府立鴨沂《おうき》高校です。鴨沂高校と言えば、山本覚馬が発起に関り、妹の山本八重（後の新島夫人）が教員を務めた女紅場《にょこうば》の後身で、今もその時の校門を正門として使っています。私がもし私立高校（同志社高校）に進学しなければ、公立高校としての選択肢は、鴨沂しかありませんでした。

ドラマには亀子の旦那（一柳恵三）の妹である一柳満喜子《まきこ》が出てきます。後のヴォーリズ夫人で、夫妻して登場いたします。W・M・ヴォーリズはメンソレータムの製造や、近江兄弟社学園（今のヴォーリズ学園）、建築設計事務所などを始めたことで有名な人物ですね。私も就活で一度だけ満喜子氏に会っております。近江兄弟社学園の就職面接を受けたときの理事長で、鋭い質問をされました。「第一希望の学校がダメだったら、お願いします」と失礼なことを言いましたので、落ちました。

成瀬仁蔵

今回の「あさが来た」が生んだ効果のひとつは、成瀬をあらためて世に出してくれたことです。土倉と広岡を結び合わせた成瀬は、新島とも交流があります。で、成瀬の履歴も紹介しておきます。

成瀬は長州の出身で、同郷の先輩にあたる澤山保羅《さわやまぼおろ》の感化を受けて大阪に出ます。そして澤山が牧師を務める浪花教会（同志社系の教派です）で洗礼を受けると、澤山が創立した梅花女学校教員となります。

ところが、ある事件で梅花を辞め、しばらくして奈良（大和郡山《やまとこおりやま》）に移って開拓伝道に従事します。

その後、成瀬や新島の推薦で越後に転進し、新潟第一基督教会（現日本キリスト教団新潟教会）の初代牧師に就任します。

かの地では大阪時代の経験から、伝道活動のかたわら新潟女学校（県内初の女学校です）を設立し、自ら校長になります。ところが、じょじょに彼の軸足は女子教育の方に傾き、牧師を辞めて校長に専念します。ついには女子教育を専門的に勉強するために、アメリカに留学を志すまでに意識が高揚します。

アメリカでは最初は、新島の母校、アンドーヴァー神学校（おそらく新島の紹介か推薦があったのでしょう）で勉強しますが、女子大創設の夢が固まるにつれ、しだいにあちこちの女子大を視察したり、関係者に教えを乞うたり、といった研修をします。

留学中に出版した澤山の伝記の中で、成瀬はふたりの恩人を挙げています。「教育の父・新島襄」と「信仰の父・澤山保羅」です（成瀬仁蔵『澤山保羅――現代日本のポウロ』（原文は英語、一八九三年）。

帰国後、成瀬は梅花に戻り、最初は大阪に女子大学を設立しようと尽力します。実際に大阪城の南に五千坪あまりの土地（現大阪府立清水谷高校）を買収しております（『日本女子大学校四拾年史』五九頁）。が、梅花のスタッフばかりか、渋沢栄一ら「東京派」の強い反対があったので、大阪構想を断念し、設立拠点を東京に移します。

広岡や土倉を始め、大隈重信、さらには三井家などの支援を得た成瀬は、一九〇一年、目白に日本女子大学校を設立することに成功します。組織だった大規模な女子大としては、日本で初めてのケースです。大隈は五千円の寄付者であり、設立者総代でもありました（同前六一、七二頁）。

成瀬と土倉

成瀬の生涯でさらに注目したいのは、土倉との関係です。土倉は、信徒でなかったにもかかわらず、精神教育に関心が深く、最初は梅花女学校に娘たちを送りこんだり、同校に寄付（百円）をささげたりしています。ところが、寄付に関して校長であった若き日の成瀬は、これに強硬に異議を唱えました。未信徒からの寄付には頼らない、という固い信念を貫徹するために、成瀬はとうとう校長を辞任いたします。

ここが新島とは明白に違います。ともに同じ教派（組合教会）の牧師であり、教育者であったにもかかわらず、信徒でない者からの寄付に関しては、一方は寛容、他方は厳格でした。ところが、興味深いことに留学後の成瀬は、新島と同じ主義に転換します。

日本女子大学校の設立資金は、大部分が三井家や広岡、土倉を始めとする教会外からのものが主流です。土倉からの寄付（五千円）はその典型で、成瀬が土倉に盛んに無心する手紙も残っています（『成瀬仁蔵著作集』二、一一四三頁、日本女子大学、一九七六年）。

梅花の時は毛嫌いした未信徒（土倉）からの寄付を、女子大を創る時には成瀬は喜んで受理いたしました。ドラマは取り上げておりませんが、成瀬の人生にとっては、これは大きな変化です。

（同志社政法会奈良支部総会、ホテル日航奈良、二〇一六年六月四日）

奈良伝道は大和郡山から
――新島襄・公義と成瀬仁蔵――

成瀬が大和郡山に赴任

成瀬仁蔵は、朝ドラの「あさが来た」で全国デビューを果たしたひとりです。ですが、ドラマでの活躍のステージは大阪と東京に集中していました。その間が、歯抜け状態でした。つまり、奈良と新潟、さらにはアメリカ留学の期間がすっぽりと抜けています。

成瀬本人や同志社にとっては、実は、省かれたこれらの時代はけっして無視できません。大事ですから、補正しておきたいですね。

成瀬が梅花女学校を辞職後に最終的に選んだ赴任先は、奈良でした。教育畑から一歩身を引き、キリスト教伝道に挺身したわけです。定住した場所は大和郡山です。「郡山の教化時代は、あらゆる迫害と闘って、先生の信仰が火の如く燃えた時代であった」と称されています（『日本女子大学校四拾年史』一二頁）。

自分でも、前任地（大阪）や次の赴任地（新潟）と比べて、奈良での奮闘を懐かしんでいます。「私は物事をするのに、何時《いつ》も全力を尽すのであるが、一番熱心になったのは、大阪に梅花女学校を興《おこ》した時、其次は郡山に往った時であります。其《そ》の時は、一番困難な時であるが、私は一番望みのない時に、一番熱心になってコンセントレート〔集中〕するのであります」（仁科節『成瀬仁蔵伝』八三～八四頁、桜楓会、一九二八年）。ちなみに、梅花時代の成瀬の貢献については、新島も「学校ノ興リ　澤山〔保羅〕ノ尽力、成瀬ノ奮発」と証言しています（①四一九）。

それにしても、なぜ赴任地が奈良市ではなく郡山なのか。澤山の勧めがあったのは確実でしょう。浪花教会牧師の澤山自身が、一八八〇年の夏から古木《こき》虎三郎や成瀬らとこの地方で開拓伝道を始めておりました。

澤山がこの地に目を向けたのは、古木が郡山の出身だったからです。彼は大阪で勉学中に澤山の指導を受けて入信し、一八七八年三月三日に洗礼を受けるまでになりました。その当時の教友が成瀬であったというわけです。古木は一八八〇年に同志社神学校へ入学します（『天上之友』一、五八～五九頁、日本組合基督教会教師会、一九一五年）。

成瀬が郡山に移住したのは、一八八三年一月十二日でしたから、郡山伝道が開始されてから三年目のことです。浪花教会時代の成瀬が、（澤山や古木らと）当地で伝道を始めたのは一八八〇年六月のことで、今井町に仮伝道所を設けて大阪から出張（おそらく毎週）したのが、県下におけるプロテスタント伝道の始まりであるとされています（湯浅与三『基督にある自由を求めて』一三九頁、私家版、一九五八年）。

同年九月頃からは、大阪教会も浪花教会に協力して、郡山伝道を開始します。上代知新《かじろともよし》と高木玄真が専ら担当し、他の信徒が時々彼らを応援しました（『大阪基督教会沿革略史』九～一〇頁、同教会、一九二四年）。ただし、『浪花基督教会略史』（一四頁、同教会、一九二八年）では、なぜか伝道開始は一八八一年四月から、としております。

要するに奈良伝道は、浪花教会にしろ大阪教会にしろ、大阪にある同志社派（組合教会）の教会が先鞭をつけたことになります。その場所が大和郡山であった点では、諸資料は一致しています。

受け皿としての郡山

一方、キリスト教を受け入れた側にも、何か要因がなかったでしょうか。奈良全体がもっとも伝統的な仏教勢力の拠点だけに、キリスト教を歓迎しないムードがあったのは確かでしょう。郡山でも相当な反対や抵抗があったことは、成瀬自身が記録しています。

しかし、文化的に見れば、郡山に特有な旧城下町の文化的伝統や、知的水準の高さは、プラス要因になったのではないか。江戸時代、郡山藩は大和国で最大の藩だったと言われています。県庁は奈良市に置かれますが、文化都市としては県内で依然として重きを置いていたはずです。

そのためか、県内最古の県立高校は大和郡山高校（地元での愛称は郡高《ぐんこう》）です。そもそもの前身が郡山予備校とすると、一八七六年の創立です。同志社の翌年ですから、ずいぶん早い開校で、今年は実質的に創立百四十年目になります。が、同校の創立記念日は、奈良県尋常中学校が発足した十月一日になっております。

伝統校だけに、進学実績もすごい。今年度の同志社大学合格者を見ても、県内では奈良高校（二百四十六人）に次いで二位（百二十九人）につけています。そのうちの一人は神学部で、いま学生聖歌隊で活躍中です。

大和郡山仮教会の設立

成瀬が出張伝道を始めた翌年（一八八一年）になると、郡山で大説教会（宗教講演会）を開催するまでになります。七月四日、今井町の芝居場を会場に、成瀬や澤山を始め、数名の牧師が昼夜二回にわたって熱弁を振るいました。講演時間が累計で八時間半にも及ぶという未曽有の大イベントです（『大阪基督教会沿革略史』十五頁）。

三年目の一八八二年には信徒が生まれます。澤山から四人が受洗し、錦町に仮会堂が設置されるまでになりました。翌一八八三年になると、成瀬が大阪から転任して郡山に定住し、本格的に奈良伝道に専念します。

彼の伝道は足掛け四年（一八八三年～一八八六年）、年齢で言えば二十五歳から二十八歳に及びます。その間、一八八四年一月三日午前に按手礼を受けて正規の牧師になったのに続いて、同日午後、教会の設立式も挙行しています（『基督にある自由を求めて』一三九頁）。最初の会員は十七名でした（『浪花基督教会略史』十五頁）。

この式典には京阪神や岡山から、組合教会系の諸教会（十一個）から十六人の代表者（牧師、伝道者）と四人の宣教師が駆けつけるという豪華さです。当然、新島襄も京都から来ています。これだけの来賓と援軍を迎えただけに式典の夜は講演会（おそらく錦町の仮会堂で）が開かれ、新島を始め、五人が出演しました。

引き続き、翌日も講演会です。今度は今井町の芝居場（日の出劇場）を借り切って昼夜二回も開いています（同前、一四〇頁）。外国人（宣教師）の講演を初めて聞いた住民がほとんどだったはずです。三年前の公開講演会に続いて、キリスト教が大和郡山でもっとも話題になった日になりました。

大和郡山は、同時に「成瀬牧師」が誕生した街になりました。だから、「あさが来た」が始まる前は、この街も取り上げられるはず、と私は思い込んでおりました。同時に、新島も顔を出すのでは、と淡い期待を抱きました。が、すべては白昼夢でした。もっとも「新島先生は名前だけ出てはりました」との情報も学生から得ています。が、出たとしてもその程度でしょうね。

新島公義、三谷久太郎による大和郡山伝道

成瀬が新潟に転出した後、神学生（露無《つゆなし》文治）が夏季伝道者として同志社から応援にかけつけます（『基督教新聞』一八八六年一〇月六日）。それからしばらくして新島公義《こうぎ》（襄の義理の甥）が伊勢（津）から成瀬の後任として派遣されて来ます。

新島襄の勧めがあったと思われます。正式な決定は、一八八六年四月に開催された日本基督伝道会社年会です（小崎弘道編著『日本組合基督教会史』九一頁、同教会本部、一九二四年）。公義在任中の一八八九年十月二十四日には、郡山教会新築落成を祝って大演説会が開かれていますから、教会堂が新築

されたことが分かります（『大阪基督教会沿革略史』三一頁）。

新島が翌一八九〇年の一月に亡くなると、公義は新島の遺訓に従って今度は長野に転出します。公義にとって奈良の地は、「沈遅寒冷（民心ノ状）ナル地」ではありましたが、足掛け三年間で公義が育てた信徒は、五十人ほどに上りました（⑨下、一一二〇、一一八九）。

彼が転出した後の郡山伝道は、しばらく伝道者不在となります。それでも、一八八八年と一八九〇年に公義を助けるためにこの地で二度にわたって夏季伝道に従事した同志社神学生、三谷久太郎《ひさたろう》が卒業まで毎週末、京都から奈良に応援に駆けつけています。

三谷は鳥取の出身で、上代から洗礼を受けて、同志社神学校に入学します。郡山で夏季伝道をしたのは、あるいはかつてここへ出張伝道していた上代の勧めがあったのかも知れません。卒業後の一八九一九月からは、公義の穴を埋めるために奈良に居を定めました。

しかし、奈良市内伝道の方に軸足が置かれたようです。二年後の一八九三年三月一日には奈良市（今御門町）に平城教会が誕生し、三谷が牧師に就任していますから。つまり、三谷は奈良市内伝道に本格的に取り組んだ最初の開拓者であったことになります。それに伴い、伝道師が不在となった郡山は、奈良市からの出張伝道地に切り替えられました。主客が転倒するにいたりました。

そのためでしょうね、三谷は「郡山教会設立の顛末」（毛筆三丁、一八九八年八月）という最古の教会資料（同志社大学人文科学研究所蔵）にも名前が出てきません。つまりは、平城教会の最初の伝道師という扱いなんでしょうか。彼は純粋な信仰の持ち主で、一八九三年には自給教会路線を高らかに宣言して、経済的な独立を敢行しようと決断します。教会からの俸給がわずか五円であったにもかかわらず、相当の献金を教会に捧げ、自ら範を示したといいます。

しかし、赴任三年目に、田原本町《たわらもとちょう》での大和基督教青年会（ＹＭＣＡ）の発足式に出向いた時に、喀血して倒れ、その後、立ち直ることなく、二十数歳で亡くなります。遺体は「城東白毫寺《びゃくごうじ》墓地に葬」られました（『天上之友』一、八九～九一頁）。その働きに関しては、「彼は貧困と病苦と戦ひ、自給主義の為に殉死を遂げた」と評されています（『日本組合基督教会史』一一九頁）。

なお、彼の墓ですが、今の白毫寺には墓地はなさそうですから、あるいは奈良市白毫寺町内の墓地かも知れません。さっそく再来週（十六日）、現地調査をしてきます。

三谷をしのぶものとしては、ほかに奈良在住の折に自費出版した『基督教之《の》根拠』（私家版、一八九三年）があります。幸い、国会図書館から電子ブックとして公開されていますから、簡単に読めます。奥付によると、住所は、「奈良町大字《おおあざ》高畑番外十壱番屋敷　津間弥太郎方寄留　鳥取県士族」とあります。お墓近くの住所です。

三谷以後の奈良伝道

三谷以後の奈良伝道の詳細は、定かではありません。ただ、一九一一年前後、浪花教会が出張伝道を行なっていることは、確かです（『浪花基督教会略史』八三～八四頁）。しかし、いよいよ戦中になると、郡山教会も平城教会もともに苦戦を強いられ、結局、一九四二年頃、両教会とも廃止されてしまいます（『日本キリスト教歴史大事典』一〇〇五頁、教文館、一九八八年）。

郡山教会の所在地は一九一〇年の時点ではもちろん（『明治四十三年　日本組合教会便覧』七六頁、日本組合基督教会事務所、一九一〇年）、一九三一年（会員は二十六人）でも錦町となっていますから（『昭和六年　日本組合教会便覧』四九〜五〇頁、日本組合基督教会本部、一九三一年）、会堂は設立以来、移転していなかったようですね。

戦後の記録では、一九五三年の時点で、郡山には聖公会を除いて、どの教派の教会も存在していません（『郡山町史』七三九頁、一九五三年）。現在、郡山市内（南郡山町）にある大和郡山教会（日本キリスト教団）はその二年後（一九五五年）の創立ですから、所在地を始め、成瀬や上代、公義、三谷らの働きとは、直接つながってはおりません。けれども、現教会は伝統的に発足時から同志社とのつながりが強く、現在の牧師も同志社卒の尾島信之《のぶゆき》牧師です。

一方、同じく日本キリスト教団に所属する現在の奈良教会（奈良市北半田西町）ですが、現任の牧師はやはり同志社卒の栗原《くりばら》宏介牧師です。しかし、一九二三年の創立当時は、ホーリネス教会系でしたから、こちらは同志社との系譜的なつながりは、ありませんでした。

新島襄の奈良行き

以上、奈良伝道の事はじめが、同志社関連の人物によって担われていたことがお分かりいただけたと思います。ということは、その背後で、新島襄の存在が無視できないわけです。

そこで最後は、新島襄と奈良との関係で絞めます。まず新島がおそらく認識していなかった事実から始めます。

同志社開校時の最初の校舎であったのは中井屋敷（寺町通り丸太町上《あが》る）で、新島はその後その跡地に今も残る新島旧邸を建てました。この中井屋敷というのは、家康に仕えた京都大工頭《だいくがしら》の中井主水《もんど》が住んだ屋敷です。この中井が、実は奈良（法隆寺西側の西里《にしさと》）出身の棟梁でした。

新島は、おそらくそれと知らずに、その中井の郷里である奈良を生涯で何度も訪問しています。複数回に及んだ奈良訪問の動機として考えられるのは、以下の四つです。

最初に奈良を訪ねたのは、観光旅行です。帰国した半年後（一八七五年四月）に、大阪から京都に物見遊山《ものみゆさん》する途中、奈良で一泊しています。初日（一日）は興福寺の塔に登り、春日大社や鹿を見物しています。二日目（二日）は、三笠山と手向山に登り、八幡社（手向）、東大寺、博覧会を見てから、木津を経て宇治に向かっています（③一三三、⑦一一二〜一一三）。

ついで、五年後の一八八〇年の四月、人力車や馬を乗り継いで、吉野に行っております。桜目当てと思われますが、例の「自責の杖」事件の二日後ですから、単なる物見遊山とは考えられません。「南朝」（後醍醐天皇や楠木正成《まさしげ》）への追慕という面があったのでは、と推測しています（詳細はいずれ発表します）。吉野は新島にとっては特別なスポットであったと思われるからです。

吉野と言えば、一八八九年に発生した吉野の水害に対して、新島は二円五十銭の義援金を送り、奈良県知事から感謝状を貰っています。吉野出身の土倉庄三郎との接触が、ひとつの要因であることは、確かでしょう。土倉に対してマッチ用材の植林を依頼した件は、前に触れましたが（本書一八九頁）、場合によっては、新島は「地主」になったかもしれません。滋賀県や京都府下のほかに、「大和や吉野にも山林もあり」と言われたりしていますから。伝承では新島の死後、それを食いつぶしたのが八重、ということになっております（拙著『ハンサムに生きる』二一二頁）。

二つ目の動機は、実利的なもので、同志社大学設立募金の用務です。ターゲットはもちろん土倉庄三郎です。最初の大口寄付者ですから、新島の期待も相当のものでした。新島自身、以後「数々」と書き残していますから、大阪や吉野（川上村）への出張が複数回あったことは確かです。そのうちの一回（初回）は、一月の吹雪の日で、川上村の土倉家にしばらく滞在しています。新島にとって土倉は子どもを多数、同志社に預けた保護者でもありましたから、特別な存在だったはずです。

だから新島は、東京で勝海舟（六然《りくぜん》居士《こじ》）を訪ねて揮毫をお願いした際には、土倉の分まで依頼しております。自分のために書いてもらった「六然の書」は、今も新島旧邸の応接間に掛けてあります。土倉に渡ったものは、今では所在不明です。八重と会津を訪ねた折も、土倉への土産として絵ロウソクを買っております。ずいぶん気を使っていることが、分かります。

一八八七年五月には、なんと奈良に九日間、滞在しております。この奈良行きは、学校日誌にも記述されていますから、大学設立運動のための出張かと思われます。それでも、その一方で、公義を奈良に送り込んでいた手前、彼への激励やら応援を兼ねていたことは間違いありません。長期滞在ですから、おそらく公義宅にも宿泊したでしょうね（①二八一、③四六一）。

観梅と伝道

三つ目の動機は、観梅です。とくに寒梅が好きな新島としては、月ヶ瀬は外せない観梅スポットでした。彼が作詞した有名な漢詩、「真理は寒梅の似《ごとし》　敢《あ》えて風雪を侵して開く」は、月ヶ瀬の梅を詠みこんだ作品じゃないかと私は推察しています。同志社チャペルの前にこの歌詞を彫り込んだ石碑が据えられています。実は、来年（二〇一七年春）に退職する教授（名誉教授予定者）や海外からの賓客に贈呈する記念品として、同志社大学は最近、この歌を刷り込んだ扇子をあらたに作りました。「寒梅」の詩は、今では、同志社を代表する漢詩です。

最後の四番目、これが本格的な動機ですが、伝道です。一八八四年の正月、大和郡山教会の設立式、ならびに成瀬の牧師按手礼（一月三日）のために井手《いで》義久（京都第二公会の代表）を同伴して大和郡山に来ています。新島による奈良伝道は、これが最初と思われます。新島は同地に四日間（一月二日から五日）滞在している間、（先にも紹介しましたように）四日には昼夜二回にわたって芝居場を借りて開いた講演会にも出演しています（⑤二四三、②五八二）。

新島はその後、大和郡山を去った成瀬の後任として、公義を同地に派遣し、自身も激励かたがたしばしば訪ねております。しかし、不可解なことに襄に宛てて送られた公義の手紙に記された住所は、なぜか大和郡山ではなくて、その周辺やら奈良市内です。つまり平群《へぐり》町椿井《つばい》やら奈良市の井原町（現高畑町）とか水門町となっております。これらは、おそらく新島が出向いた時の宿泊先でもあったはずです。番地が分かれば、現地を探索してみたいのですが、手掛かりがありません。

以上、遅まきながら奈良が新島にとっては、案外近い場所であることが分かってきました。これも、関係者との出会いに加えて、「あさが来た」効果のひとつかもしれません。いずれにしても、京都市民としても、新島研究家としても、奈良がいつまでも「遠きにありておもう思ふもの」であってはいけませんね。

（同志社政法会奈良支部総会、ホテル日航奈良、二〇一六年六月四日）

新島旧邸をガイドします
――新島襄・八重のベース・キャンプ――

「八重の桜」で観光スポット

二〇一三年の大河ドラマ、「八重の桜」のヒロインは新島八重でした。彼女が住んだのは、会津若松、米沢、そして京都の三か所ですが、時間的な長さから言えば、圧倒的に京都です。一八七一年から一九三二年までですから、実に六十一年に及びます。その間、最初の借家を除いてほとんどの時間を過ごしたのが、この「新島旧邸」です。

したがって、ドラマの放映中は、ここは大人気の名所スポットとなり、大勢の観光客が押し寄せました。ただし、現役の同志社の学生たちの入場はいたって少なく、期待はずれでした。この点は、朝ドラの「あさが来た」(二〇一五年～一六年)も同様で、広岡浅子ゆかりの日本女子大学・成瀬仁蔵《じんぞう》記念館も大賑わいであったにもかかわらず、肝心の女子学生の姿はあまり見られなかったそうです。

新島旧邸の場合、押し寄せる見学者のために公開日をそれまでの倍の週六日にし、係員も三倍強(三人から十人)に増員して対応しました。それでも入場制限(一日五百人)が不可避でした。ブームが去った今は、元通りの閑散な住宅に戻っております。公開日も週三日に戻っています。

再開前には施設を再点検し、修理も施しました。が、建物の保護のため、再開後は特別公開の日以外は、部屋に上がりこんで室内を見学することができなくなりました。建物の外側をぐるりと回って外から内部をうかがうだけです。

そこで、同志社校友会（同志社大学卒業生の団体）では、参観者のために今回ビデオを作成し、内部の様子を解説つきで休館日でも観覧できるようにしました。今日は、そのための撮影です。一階はもちろん、二階（特別公開の日でも非公開です）まで上がって、私がガイドをすることになりました（本書口絵⑧参照）。しばらくおつきあいください。

元は中井屋敷

中に入る前に、門の前で建物の由来に少し触れておきます。ここはもともと家康に仕えた初代京都大工頭《だいくがしら》、中井主水《もんど》という奈良出身の棟梁（日光東照宮や大坂城などを手がけました）の邸宅でした。江戸時代には「中井家」とか「中井屋敷」として知られていました。明治維新の頃、ここに住んでいた高松保実《やすざね》というお公家さんが、東京に転じましたので、空き家になります。それを幸いとばかり、同家の半分を同志社が開校時に仮校舎として借家いたしました。

当時の消息をよく知る八重の回顧には、こうあります。「学校の始まった時、ここは高松さんという華族の家」で、「この家は高松さんが御所の火消〔大工〕の頭《かしら》であった中井主人〔主水〕という人から借りていたのであります」（永澤嘉巳男《かみお》編『新島八重子回想録』六〇頁、同志社大学出版部、一九七三年）。

八重が中井を火消しと間違えたのは、この屋敷には火の見櫓《やぐら》みたいなものが立っていたからでしょうか。同志社はここを借りてからまもなくして、自前の校舎を今の今出川キャンパスに新築して移転したので、新島家がこの地を購入し、この新島旧邸を新築したというわけです。

つまり、ここは新島家の住宅ばかりか、同志社の最初の学校（同志社英学校）が生まれた場所でもありますから、同志社にとっては二重の意味で歴史的なスポット（いわばサンクチャリー）です。

新島旧邸

入場する前に門の前で予備情報をもうひとつ。この通りは、京都を南北に走る寺町通りといいます。東西に走る丸太町通りとの交差点から京都御苑に沿って少し北に上がった所にあるのが、この新島旧邸です。目印は隣に立つ教会（日本キリスト教団洛陽教会）にそびえる十字架です。

旧邸は今年で、築《ちく》百三十七年になります。新島襄・八重は、このマイ・ホームが出来るまでは、このすぐ近くの民家（京都府立鴨沂《おうき》高校の裏手です）で三年間ほど、借家生活をしました。その家屋は残っておりません。それに対して、二人が住んだ二軒目のこの旧邸は、昔のまま保存されており、京都市の登録有形文化財にも指定されています。

敷地は全体で約九百坪。建物は、二階建ての母屋と平屋の離れ（付属屋と呼ばれていました）です。母屋の建坪は一、二階合わせて百五十坪ほどで、一階、二階ともベランダを三方にめぐらしています。この外観から分かるように、母屋は見るからに古都の伝統的な民家とは造りや赴きが違っています。

おまけに道路一本で今の京都御苑に隣り合うだけに、そのコントラストが、いっそう際立ちますよね。だから、当時の京都市民にとって、ここは「怪しげな」西洋人が出入りしたり、聞いたこともない変な歌（讃美歌）やら音（オルガン）が聞こえてきたりする異次元世界、あるいはなんだか異様な風采をした日本人夫妻が住む異国空間じゃなかったでしょうか。口さがない京スズメは、「けったいな家やな〜」とさぞかし噂し合ったに違いありません。入居当時は、近所の主婦たちも、誰一人寄りつこうとはしませんでした。

建築様式としては、和風建築に洋風建築を取り入れてますから、いわば和洋折衷建築のはしりです。建築史上でも貴重です。残念ながら設計者はW・テイラー（宣教師で医師）と伝わるだけで、確証はとれません。設計や工事にあたった街の大工や新島夫妻の意見も、おそらく取り入れられたことでしょうね。

シアーズからの贈り物

旧邸を建てる費用はどうしたのかと言いますと、アメリカからの寄付です。土地購入と家屋新築の資金として、ボストン在住のJ・M・シアーズというアメリカ人の旧友から二百ポンド（約千ドル）が送られてきました。いかにドル高、あるいは土地が安かったとはいえ、今なら何千万円でしょうか。広い敷地にこんな豪邸が立つんですから。

シアーズという人は、幼児のころに両親が亡くなったために、A・ハーディ夫妻（新島には里親みたいな存在でした）に養子のような形で引き取られました。新島も渡米後はシアーズ少年に続いて同家に「養子」並みに受けいれられましたから、ふたりはある意味、ハーディ家の一員です。思い切って言えば、新島にとってシアーズは、まあ「義弟」みたいなもんです。

シアーズは長じて実業家として成功を収め、ボストンでは毎年のように多額納税者リストの上位を占めるようになりました。結婚指輪は五万ドル（新島旧邸五十軒分！）のダイアモンド・リング、新婚旅行はヨーロッパへ一年、というとんでもない夫婦です。

新島旧邸は、このセレブな「義弟」からのありがたいプレゼントでした。ちなみに、彼は新島が牧師をしていた教会（今の同志社教会の前身）の会堂をこの隣に建てる建築費（やはり二百ポンド）も出してくれました。シアーズさまさまです。

新島の死後、十七年を経た一九〇七年、この旧邸は敷地とともに八重から同志社に寄贈されましたので、今は学園が所有、管理しています。一方、隣接する教会は、八重が今の洛陽教会に譲渡しました。八重の母親（山本佐久）のお葬式はここでした。

玄関と離れ

それじゃ、中に入ります。

弁柄《べんがら》色の門の格子戸を開けると、十メートルほど先に玄関があります。軒先に小さな鐘が吊《つ》り下げられています。当時の来客は、これを鳴らします（『新島先生記念集』二四四頁）。かつて同志社に学んだ徳冨蘆花（健次郎）は、自分の小説では、銅鑼《どら》にしています。「京都に着くと、敬二〔蘆花〕は寺町の飯島〔新島〕先生の門に〔人力〕車を下《お》りて、チョコレート色に塗った格子戸をあけて、昔ながらの狭い玄関の銅鑼を鳴らした。出てきた女中に敬二は名を云って」と（『黒い眼と茶色の目』七〜八頁、新橋社、一九一四年）。これは、蘆花の記憶違いでしょうね。

玄関では履物を脱ぎます。そのためにちゃんと下駄箱（靴箱）が作り付けてあります。洋風のライフ・スタイルを目指しながらも、さすがに土足で家の中に入ることはしておりませんね。新島は家庭ではスリッパを愛用しています（同前、四八一頁）。ひょっとしたら、京都で最初にスリッパを履いた人かもしれません。

夜になって、訪問客や学生たちが帰るとき、玄関から門まで新島はランプ片手に彼らの足元を照らすだけでなく、門の外でしばらく見送るのが通例であったといいます。

門から入ってすぐ左手の建物が離れ（付属屋）で、純和風造りの平屋です。群馬県安中《あんなか》から呼び寄せた新島の両親や姉、甥を住み込ませました。純和風にしたのは、洋館で暮らした経験がない両親たちの生活様式を考慮して、彼らが安中で暮らした長屋（現存しています）を模したためと言われています。

離れは、新島夫妻が暮らす母屋と独立はしているものの、ある意味つながっています。離れの玄関と母屋の勝手口とが、数メートルの渡り廊下で結ばれています。つまり、両方の建物は一体化されており、いわば二世帯住宅です。「スープの冷めない」絶妙なロケーションです。八重もおそらくは姑の登美と何らかの確執があったと思われますが、住宅構造にずいぶんと救われたんじゃないでしょうか。

応接間

玄関を上がってすぐの部屋が、応接間です。一階にはこれを含めて部屋が五つ、設けられていますが、いずれも洋間です。その中でもっとも人の出入りが頻繁だったのが、この部屋です。なぜか。

多目的な公共スペースだからです。ここは、面談はもちろん、会議や事務、授業、自習などのほかに、日曜日には、チャペル（教会）に早変わりし、礼拝が持たれました。当初、独立した礼拝堂の建設を府知事がいっさい認めませんでしたので、新島は自宅に教会（京都第二公会）を立ち上げ、初代牧師となりました。だからここにあるオルガンは、俗に「八重のオルガン」と言われていますが、彼女が弾く（弾けたとして）よりも、おそらくは礼拝や教会の集会などで奏楽者が主に使ったと思われます。

部屋の片隅には、一見して金庫と間違われそうな扉があります。実はこの中で燃料を焚き、室内に這わせた煙突で温風を送って各部屋を温めようというセントラル・ヒーティング装置です。何年か前の解体工事の際に分かったのですが、たき口の内部は真っ黒に焦げていました。実際に使っていたんですね。よくぞ、火事にならなかったものです。

効果のほどは分かっていませんが、京都の冬の厳しさを考えると、この程度の温風ではダメでしょうね。おそらく各部屋にはこれとは別にストーブが必要だったのでは、と推測します。応接室だけでも、暖炉にした方が、効果的だったかもしれません。

自責の杖事件

それはともかく、この応接間では、いろいろなドラマが展開されました。そのうち、もっとも緊迫したものが、同志社で起きた最初の学園紛争の時の調停です。学校当局が決議した二年下級組とのクラス合併に不服をとなえて、二年上級組が授業ボイコットを決行しました。新島はストをした学生たちをこの部屋に呼び、授業に出るように声涙共に下る説得をしました。

説得は功を奏しました。その場にいた蘆花は、ストを起した「謀反《むほん》組が、先生の涙に降伏して」ストを解いた、と書いています（『黒い眼と茶色の目』四八一頁）。こうして紛争は終局しましたが、責任問題が残りました。これを解決するために新島がとった処置が、あの有名な「自責の杖事件」（一八八〇年）です。

では、鴨居に掛かったこの扁額を見てください。「六然《りくぜん》の書」と呼ばれている書で、東京に行った際、新島が勝海舟（六然居士《こじ》を自称していました）を訪ね、わざわざ揮毫を依頼した二枚のうちの一枚です。もう一枚は同志社大学設立資金として、最初に五千円を寄付した「大和の山林王」、土倉《どぐら》庄三郎へ進呈されました。そちらは、今は所在不明です。

台所と食堂

それじゃ、台所に参ります。京の町屋に特有の伝統的な台所とは大違いです。お竈《くど》さんや井戸が、土間や室外ではなくて、室内に組み込まれています。そればかりか、土間ではなくて、床がフローリング加工されています。さらに、井戸と流しと竈《かまど》がこのように一直線に並んでいますから、いわば十九世紀のシステム・キッチンです。

流しの高さは、八重の身長に合わせて設計されたとの推測もあります。そうならば、八重に対する思いやりが窺えます。部屋の中にはテーブルも据えられ、簡単な朝食ならここで十分に摂れます。今で言うダイニング・キッチンですね。

台所の続きが食堂です。テーブルと椅子を並べた造りは、いまのマンションの食堂となんら変わりはありません。むしろ、椅子が意外に高いのが、ちょっと気になります。当時の人の脚の長さには不釣り合いな高さです。アメリカからの直輸入品なら納得できますが——

さて、新島の食生活はどうなっていたんでしょうね。彼は、クリスチャンになる前は、江戸で酒も嗜《たしな》んではいましたが、元来、辛党ではなく、ぜんざいなどを好む甘党でした。甘党にまつわるエピソードが残っています。ここに食器戸棚がありますが、ある時、八重はお菓子（生姜菓子《ジンジャブレッド》）を作って戸棚に入れ、裏が勝手に食べないようにカギをかけて外出しました。

ところが、八重の不在中に、来客と面談中の新島が、カギのかかった戸を力ずくで無理やり外して、中のお菓子を客といっしょに全部食べてしまい、帰宅した八重から顰蹙《ひんしゅく》を買っています。八重によると、裏はどこへ仕舞っておいてもお菓子はすぐに探し出して食べてしまう癖があるので、普段から自衛していたのですが、この時ばかりは「不意攻撃」を受けたので、やむなく「ぶつぶつこぼしながら」また菓子を焼き直した、とこぼしています（『追悼集』Ⅱ、二七八頁）。

洋食

食生活では、新島はあきらかに洋食派です。塩分が多いからと沢庵《たくわん》は厳禁です。ですから、旅先で和食が続く場合は、ほんとに閉口しています。洋食にありつけるように、京都の宣教師にレシピを書いて、送ってもらっています。では和食は一切ダメかと言うと、トロロや蕎麦《そば》は例外です（拙著『ハンサムに生きる』一八二頁）。

洋食派の新島は、西洋野菜やパン、ミルク、コーヒーを愛用しました（アメリカ留学時代は、アイスクリームも）。時には自身、流しに立つこともあり、パンも自分で作ったりしています。洋菓子をホームメードするためにワッフル・ベーカーも持っていました。自分でも多少は調理もしますが、あるいは八重や使用人に焼かせたのかもしれません。

洋食メニューで分かっているのを紹介すると、キャベツ巻き（ロールキャベツ）、オムレツ、ビフテキ（ビーフステーキ）、チーズといったところです。チーズを初めて出された学生は、面食らいました。おそらくセッケンをかじったような食感だったのでしょうね。不味《まず》いので食べなかったら、新島から、「是《これ》は西洋料理を食べる時は、必ず食べなければならぬ無いもの」と食事指導されています（『創設期の同志社』九九頁)。

今の学生とは大違いですね。自分の身体はチーズからできている、と豪語して「チーズ星人」を名乗るほどチーズが大好きな学生さえいます。そういう学生から見れば、「はい、チーズ!」と出されても、Vサインも出せず、にっこり微笑んで食べられない人種こそ、まさに異星人でしょうね。

家庭菜園

このお屋敷の南側半分と東側には、今はビル(新島会館本館・別館)が建っていますが、もともとは広い空き地でした。だから、桐や柿などの樹木を植えたり、家庭菜園を設けたりしていました。当時、市内では手に入らないトマトやアスパラ、イチゴなどの西洋野菜や果物を栽培するためです。

家庭菜園の農作業のためにお百姓さんを雇っていました。が、新島も時には作業衣に着替えて、野良仕事をしました。宣教師家族にもミルクを供給するため、庭の一部で牛を飼ったこともあります。

さらに、広い庭を利用して、新島は複数のペット(犬です)を放し飼いにして、可愛がりました。愛犬でよく知られているのは、「弁慶」(ビーグル犬)で、写真スタジオでツーショット写真まで撮っています。弁慶を椅子に座らせ、新島はなんと正装して、寄り添っています。まるで家族です。

病気の時などは、庭でじゃれまわる複数の子犬を二階のベランダから飽きずに眺めていますから、新島は明らかに犬派ですね。実はわが家も柴犬派ですが、新島は洋犬のようです。

生徒たちをもてなす

新島は、よく生徒を家に招きました。夏休みなどで帰省する学生を自宅に呼んで食事を振る舞う場合は、たいてい西洋料理です。なかには、新島から「手料理」を振る舞われた、と回想する学生もいました（『ハンサムに生きる』一八二頁）。

新島は庭でとれたイチゴを手ずから積んで、女生徒に食べさせたこともありました（『新島先生記念集』二四二頁）。ただし、正月に大勢の学生を自宅に迎えた時などは、お汁粉や餅が振る舞われるのが普通です（『創設期の同志社』二二二頁）。

学生に食事マナーを教えるのも、新島の役目でした。チーズの件は、先に紹介しました。宣教師から食事に呼ばれた学生たちは、作法がわからず、新島夫妻が来るまでは食事を始められませんでした。新島の食べ方をそのまま真似る必要があったからです（『創設期の同志社』二二一頁）。

ただし、熊本から転校してきたいわゆる「熊本バンド」の連中は、L・L・ジェーンズ先生の感化で、あんがい洋食を食する機会がそこそこあったのかもしれません。

それはともかく、食事だけでなく、遊びに来る学生を新島が持て成す態度も、すこぶる家庭的でした。「都会で勉強している我が子が、帰宅したかのよう」であったといいます（同前、一四五頁）。寛《くつろ》げたのでしょうね。学生にとっては、ここはまるで第二の我が家でした。子どもがいなかった新島にとっては、生徒や学生が実子替わりであったのでしょうか。

八重もそうです。新島の死後のことですが、八重は正月になると学生、それも男女を自宅に集めてカルタ会を催しました。八重自身、カルタの名人でしたが、学生たちにもとても人気のあるイベントでした。男子学生にとってはカルタ以上の魅力が、ほかにありました。女学生と自由に言葉を交わせるのは、一年でこの時くらいしかありませんでしたから（『創設期の同志社』一三一頁）。

トイレと風呂

トイレも洋式です。ご覧のように、腰かけるために段差が設けられています。初めて使う人は、きっと面喰らったと思います。これは日本最古級（特に現存する）の木造洋式トイレと言われ、トイレ・マニアの間では有名な代物です。ネットでは、こんなトイレ・クイズが出ています。トリビアですよね。

Q．現在、日本に残っている洋式トイレで一番古いものは、さる有名人の旧宅にあります。次のうち誰でしょうか。

A．①　福沢諭吉、②　新島襄、③　伊藤博文、④　津田梅子

トイレと言えば、最近、知ってびっくりしたんですが、同志社女学校の寄宿舎でも、かなり早くから腰かけ方式が採用されているんですね。使い方を知らない生徒が、三日間も我慢して腹痛を起こした、なんて悲惨な話も残っています（同前、三六五頁）。

何年か前、われらが同志社女子大学は、「トイレのきれいな大学」ランキングで日本一になったことがあります。もしも、洋式トイレが日本で一番早かったとすれば、これは特ダネですね。

トイレの次はお風呂です。トイレの隣にあります。土間の上に、純和風の五右衛門《ごえもん》風呂が置かれています。風呂桶は新島死後のある時期に入れ替えたとも伝わっていますから、八重が改装したのかもしれません。そうは言っても、建設当時は洋式のバスタブだったというわけじゃないと思われますが、真相は闇の中です。

風呂と言えば、新島は温泉が好きでした。各地の温泉に行った際には、効能書きをちゃんとメモしたりしてます。

茶室

ここは、もともと洋室でした。襄の死後に裏千家の茶道（裏千家では、「ちゃどう」）に没頭した八重が、洋間を改造して茶室にしました。見られるように十畳以上の広い洋室の一角に、四畳半の茶室が設《しつら》えてありますから、まるでテレビのセットみたいです。洋間と釣り合わない作りになっています。

裏千家の家元から命名してもらった「寂中庵《じゃくちゅうあん》」という銘板が、あそこに掛けてあります。家元からは、「新島宗竹《そうちく》」という茶名も貰っています。宗竹は女性に茶道を広めた茶道の功績者のひとりとして、知られています。

建物全体が京都市から登録有形文化財に指定された際には、新島生存中の原形に復元するのが原則であったはずですが、そこは八重の気持ちと功績を考慮したためか、この部屋は八重が改装したままの状態で保存されています。

なお、今年三月に竣工した希望館（同志社女子中高）にはあらたに茶室が設けられました。「宗竹庵」と名付けられ、五月に茶室抜《びら》きが行なわれました。

書斎

茶室の隣りが、書斎です。東南角の好ポジションを占めています。蔵書の大半は英文の本で、なかでも神学書が多数を占めます。この机で新島は読書したり、手紙を数多く書いたりしました。時には三時半に起きて書いています。

新島はとても几帳面で、整理整頓の人でしたので、筆や本の位置にいたるまで、「一糸乱れざるの状」であったと言います（『新島先生記念集』二一七頁）。

新島の死後、八重はここを和室に改造し、自分のリビングを一階に移しました。体重ばかりでなく、足腰が弱くなったために、階段（急勾配《こうばい》の一直線）の上り下りが辛くなったからです。

したがって、今は洋間の書斎ですからおよそ想像もできませんが、八重が亡くなったのは実は、この部屋です。八重の看病や最期の看取り、葬儀、遺産相続などは、すべて八重の養女夫妻（広津友信・初）が取りしきりました。八重の死後、しばらくこの屋敷を管理したのも広津夫妻でした。その後、部屋は元の書斎に復元されました（広津のことは、本書五三頁以下を参照）。

寝室

二階に上ります。二階は基本的にプライベートな空間です。階段はふたつ作られています。階段下はいわゆる箱階段という和風作りで、物入れのほかに小さな引き出しがいくつか、作られています。

二階は四部屋あり、そのうち三つが洋室です。まず寝室から見てみます。木製ベッドが二台、並んでいますが、なぜか高さに違いがあります。八重はどちらを利用したと思いますか。一説には、八重は低いほうで、高い方は襄が使ったといいます。ベッドに慣れない八重が落ちるのを八重本人や周辺の者が懸念したからとも伝わっていますが、はたしてどうでしょうか。

寝具に関して言えば、アメリカ留学を終えて帰国するさい、新島はマットレスを買っています。ただし、シングル用なんです。結婚願望を捨てたわけじゃない三十一歳の独身にもかかわらず、です。なぜか。

帰国後、キリスト教伝道を始めると迫害に遭って殉教死するかもしれないという危機感と覚悟を持っていました。だから、すぐには結婚しない方がいい、と決断したようです。実際には、抵抗勢力から危害を加えられることはとりたててなかったので、帰国して一年後に八重と結婚しています。

新島は体調不良の時でも休講や自習を嫌いましたので、どうしても出校できないときは、学生を自宅に呼び寄せてベッドの周りに座らせ、授業をしたこともあります（『創設期の同志社』三三〇頁）。どこまでも責任感の強い教師ですね。

夜の祈りと朝の運動

何か問題があったり、病気などで眠れなかったりすると、新島は夜中でもベッドから降りて祈ります。その姿を何度も目撃した八重は、こう証言します。襄はひとりで祈る時はいつも英語で祈り、よく「プリーズ・マイ・ドウシシャ」と言っていたと（『新島八重子回想録』七五頁）。

同じく八重から生徒が聞いた話では、新島は夜中の二時頃にベッドを抜け出して、板の間にひざまずいて祈ったといいます。その際、新島らしいのは、「一々生徒の名を呼びながら、其《その》将来に関し、涙と共に天父に熱き祈りを捧げ」ていることです（『新島先生記念集』二一六頁）。

「先生は、一々学生の姓名と其顔を記憶して居た」との別の証言もあります（同前、一七七頁）。規模の小さな学校とは言え、校長、あるいは牧師として新島は本気で生徒や学生に真向かっていることが、よく分かるエピソードですね。

寝室のエピソードをもうひとつ。新島はベッドから起きるなり、毎朝、「座敷運動」をしています。四つん這いになって、「米を搗《つ》くが如《ごと》く身体を上下に動かす」運動で、これを実際に見せられたある学生は、その後、ずっと毎朝、これを実践したといいます（同前、一五七頁）。今でいう「腕立て伏せ」じゃないでしょうか。新島は案外、健康には注意しておりますね。

和室

最後は、和室です。新島が住んでいた当時は、この家で唯一の畳の部屋です。生徒や来客を泊めたばかりか、地方出身の同志社女学生を一時寄宿させたこともあります。時には病人を学校の寄宿舎や病院から引き取って、看病もします。八重の場合、会津鶴ヶ城で銃を持って戦った戊辰戦争中、看護の実地体験がありますが、新島も手厚い看護や介護にあんがい長《た》けていました。

この部屋で療養した学生に木村経夫《へるお》という青年がおりました。寄宿舎で猛威を振るったいわゆるリバイバル（信仰復興）の熱病に冒《おか》されて、精神的に変調を来たしたために新島邸に引き取られました（『新島八重子回想録』七九頁、『新島先生記念集』一六〇頁）。学生ふたりがついて看護しましたが、残念ながら好転しなかったので、最後は南禅寺の病院に送られました。

教員の山崎為徳《ためのり》もここで療養し、亡くなっています。彼は同志社英学校の第一回卒業生、すなわち有名な「熊本バンド」の一員です。秀才ぞろいの「熊本バンド」の中でも、最も頭脳明晰と言われ、熊本洋学校から東大へ進学しますが、反キリスト教的な校風を嫌って中退し、同志社に転校してきます。卒業してすぐに同志社英学校教員になりました。

惜しいことに肺結核のために二十三歳で亡くなりました。葬儀はこの隣にあった京都第二公会で行なわれ、亡骸は黒谷《くろだに》（現在、墓は同志社墓地）に葬られました（『創設期の同志社』二五〇頁）。将来の同志社教授陣の中核とも期待していた教え子が、ここで若死したことは、新島には大変大きな衝撃でした。

新島の最期

新島の場合、八重と違って、終焉の地はここではありません。元サムライらしく、畳の上で死ぬことは恥であり、戦場で戦死することこそ、当然と考えていました。結局、その通りになりました。ドクターストップを振り切って大学設立募金のために関東に出向きますが、懸念されたように旅先（前橋）で倒れ、大磯で亡くなります。遺体は、開通して間もない東海道線を列車で京都（七条駅）まで運ばれます。そこから学生たちに交代で担がれ、深夜に無言の帰宅を果たします。応接間に安置されたのでしょうか。

葬儀当日は、ここから出棺され、学内チャペルの前に設けられた臨時の式場（大テント）に安置されました。亡骸《なきがら》は式後に全校の学生たちが隊を組んで若王子山に担ぎ上げ、そのまま土葬されました。これが、今の同志社墓地の始まりです。身内や山崎先生のお墓も、後にここに移されます。

襄を見送った八重は、それから四十二年間、一時は養女らと住んだこともありましたが、ほとんどひとりでここに住み、八十六の天寿を全ういたします。借家時代を含めても襄との結婚生活は、十四年未満にすぎなかったのですが、八重にとっては何物にも代えがたい貴重な時間でした。その証拠に、八重は晩年、「襄のライフは私のライフ」と断言して憚りませんでした。

襄にとっても想いは共通です。一歩外に出ると、さまざまな闘いを強いられた襄ですが、ここは一番、安住できる空間でした。彼にとっては終生、心身共に安らげる「ベース・キャンプ」であったと思われます。

（新島旧邸紹介ビデオ撮影、新島旧邸、二〇一六年七月八日）

ヴォーリズと同志社

――高尚なる同志――

同志社の恩人

今日は、ウイリアム・M・ヴォーリズ（W.M.Vories）先生のお誕生日（一八八〇年生まれ）です。この佳き日に、想いを先生に寄せながら、同志社とのゆかりをあれこれ述べてみます。

ヴォーリズは、近江兄弟社はもちろん、同志社にとっても恩人のひとりです。よく知られた功績は、ふたつあります。ひとつは、「同志社カレッジ・ソング」の「ワン・パーパス」（One Purpose）の作詞、いまひとつは今出川キャンパスに残る五つの建築物の設計・施工です。

にもかかわらず、同志社人の胸の中でその名がしっかりと刻印されているか、と言うと、けっしてそうでもなさそうである。とりわけ現役の学生たちの間では、彼の存在感は薄いと言わねばならない。

たとえば、キャンパス・ガイドです。私は、彼らの指南役を時に頼まれ、レクチャーをすることがありますから、多少は雰囲気が分かるのですが、現役学生の中では比較的、同志社の来歴や故事については知ってるほうで、関心も高かったりする部類の学生さんです。もちろん、バイト代が出ますので中にはそれ目当てであったり、修学旅行で来た高校生の前で「ええ格好したい」、といった見栄っ張りな就業者も中にはいますが、だいたいにおいて趣旨を理解しています。

したがって、ツアの「目玉」とも言うべき五棟の重要文化財建築については、さすがに先輩からの指導や各種パンフレット類などから最低限の情報や知識は入れております。けれども、同志社アーモスト館を始め、ヴォーリズの作品（校舎）については、どれほどきちんとした説明をしているのか、はなはだ心許《こころもと》ないですね。

しかし、余計な心配はしないようにしております。ひとつには、そもそもガイドのコース上、時間的な制約もあって、登録有形文化財であってもヴォーリズ建築まで手が（脚が？）回りかねるというのが、実情ではなかろうか、と思うからです。つまり、見学は重要文化財だけで十分なんです。それに、中高生なんかには、古い建物よりも最近の校舎を案内するほうが、ずっと喜ばれるという傾向も無視できません。

たとえば、学食やらカフェ、コンビニ、本屋さん、それに図書館や掲示板などを巡るほうがウケルというのです。その点、最近できたばかりの良心館など、格好の観光スポットです。学食などの諸施設が揃っているうえに、ホテル顔負けの学生ラウンジやら、日本で最大級の「イー・ラーニング」(e-learning) フロアーが設置されているからです。

存在感の薄さ

目に見える世界がこうですから、ヴォーリズの目に見えない功績にいたっては、なおさら悲惨です。その好例が、彼が作詞した「同志社カレッジ・ソング」です。だいたい、学外の見学者や地方からの修学旅行生など、歌詞はもちろん、メロディなど知るよしもありません。だから、当然、ガイドは何も説明しない。かりに取り上げたくても、なかなか適当な切っ掛けがないし、話題にする「物《ぶつ》」がそもそもありません。

ということで、同志社に縁の深いヴォーリズであるにもかかわらず、学園内での存在感は、かなり希薄です。そうした現状は、必要な情報の発信不足、ならびに同志社史の中における研究自体が十分になされてこなかったことに起因すると思われます。その点は、私たち研究者の怠慢でもあります。

「新島襄のおっかけ」として、新島や初期同志社にかかわる人物を追ってきた私にしてみれば、これはひとつの課題です。さらにヴォーリズと同志社に関するそれ以外の関わり、となるとブラック・ボックスのようなものです。このたび近江兄弟社の月刊誌、『湖畔の声』でエッセイを連載する場が与えられたことは、その究明に取り組むべき決断を迫られたような気がしてなりません。

私のヴォーリズ遍歴

これを契機に、私がこれまで発表してきた関連論考を一覧しておきます。

まず、ヴォーリズの人となりについては、ちょうど十年前に「同志社人物誌(九三)」の一環として、「W・M・ヴォーリズ――『共なる志《ワン・パーパス》』に献身した同志――」と題した小文を『同志社時報』(一二一、同志社大学広報課、二〇〇六年四月)で発表したことがあります。

この中で、私の個人的な経験も披露しました。同志社(大学院)を出るときの就活で、近江兄弟社学園（現ヴォーリズ学園）を受験した際、満喜子夫人から面接諮問を受けました。一九六四年にヴォーリズ先生が亡くなられてから、満喜子先生が園長か理事長をされていたと思います。私が面接を受けた翌年に満喜子先生も亡くなられていますから、私はひとつの時代の区切りに、ヴォーリズ学園との出会いがあったことになります。それ以降は、関係はまったくありません。面接で落ちたからです。敗戦の理由はすでに公開しております（本書一九三〜一九四頁参照）。

この時、採用されておれば、私は新島研究の代わりにヴォーリズ研究に「邁進」し、いまごろはヴォーリズ研究家として「大成」していたかもしれませんね。

それはともかく、先の寄稿では苦い思い出が今も残ります。夫妻の写真を『同志社時報』に掲載した際に、キャプションになんともアホなミスをやらかしたのです。「妻の一柳満喜子と佐々木伸尚」としてしまったのです。名誉棄損（笑）で訴えられなくて、助かりました。

ついで、八年前に卒業生の集会（同志社政法会滋賀県支部総会）に呼ばれ、草津市でヴォーリズについて講演をいたしました。後に拙著『ビーコンヒルの小径――新島襄を語る（八）――』（思文閣出版、二〇一一年）に収録したのが、その時の講演です。ヴォーリズ作詞の同志社カレッジ・ソングが制定されてから、ほどなく百年を迎える時機でもあったので、タイトルを「同志社カレッジ・ソング百年――新島襄とW・M・ヴォーリズ――」としました。

二度の近江八幡講演

このことが機縁となったのか、その後、ヴォーリズの活動拠点、近江八幡《おうみはちまん》市に二度呼ばれて、同志社から見たヴォーリズについて講演する機会が与えられました。

（一）　ヴォーリズ・メモリアル in 近江八幡（二〇一四年十月七日）

これは、ヴォーリズ没後五十年記念事業実行委員会が十月四日から一か月間にわたって近江八幡市で展開したイベントの一環です。近江八幡教会（日本キリスト教団）で講演会が開催されました。わたしは、「新島襄とヴォーリズ」と題して、両者の基本的な関係についてお話しをしました。

（二）　ヴォーリズ没後五十年・来幡百十年記念講演会（二〇一五年六月二十七日）

ヴォーリズ・メモリアルについで翌年に、ヴォーリズ精神継承委員会から招かれて、ヴォーリズ学園の大教室で関係者に講演をしました。今回は、ヴォーリズを知る関係者の集まりでしたので、先の（一）を踏まえた形で、「高尚なる同志――ヴォーリズと新島襄――」について講演をしました。

これに続くのが、さきに触れた『湖畔の声』の連載です。これまでの怠慢を恥じ、ヴォーリズを改めて再調査しなければ、という想いもあって、二〇一六年八月号から「同志社とヴォーリズ」を寄稿し始めました。せめて数回は、続けたいですね。

ヴォーリズと新島襄

それでは、（二）の講演から、中身を紹介してみます。ヴォーリズが来日したのは、新島死後十五年を経た時点でのことでした。これに関しては、ヴォーリズ自身が次のように証言しています。

「元来、私は一九〇五年二月二日に滋賀県八幡《はちまん》に来着し、それから十日後に同志社を訪ねました。日本に関する私の知識と申せば、同志社とジョセフ・ハーディー・ニーシマとだけでしたので、その同志社が八幡のすぐ近くの京都という所にあることを知り、矢もたてもたまらなくなって訪ねたのです」（社友・一柳米来留《ひとつやなぎめりる》氏談「ワンパーパスの回顧――校歌作詞の事情」、文責在R・T、『同志社タイムズ』二九、一九五二年二月二八日）。

興味深いのは、来日当時、ヴォーリズが保持していた日本情報が、同志社と新島襄（英語名はJoseph Hardy Neesima）に限定されていたことです。ここから、隠された来日動機のひとつが、同志社と新島にあったことが窺えます。だからこそ、来幡してわずか一週間後にわざわざ京都の今出川キャンパスまで足を運び、自分の目で新島が創設した同志社を確認しているのですね。

したがって、後日、同志社のカレッジ・ソングの作成を依頼された際も、ヴォーリズは光栄な仕事と受け止めて、こころを込めて作詞いたしました。「ワン・パーパス」は、今日のキーワードのひとつです。

次に（二）の講演ですが、ここでも「ワン・パーパス」について語りました。新島とヴォーリズの思想（DNA）を考察するうえでも、同志社カレッジ・ソングと近江兄弟社学園の学園歌（英語）との比較検討にチャレンジしてみました。学園の方々も普段気づかない諸点があったようで、同志社とヴォーリズを結ぶ絆が、さらに一本増えたような気がいたしました。

「ワン・パーパス」の話に深く入ってゆく前に、「ワン・パーパス」の成り立ちなど、基礎的な情報を先に紹介してみます。内部の人間だって知らないような「秘話」も含まれています。

イェールの校歌と同志社の校歌

「ワン・パーパス」は、重要な式典では、大学はもちろん、学内中高でも歌われます。だから作詞者のヴォーリズの名前は不滅です。作曲は誰か、と言いますと、「カレッジ・ソング」の元歌（メロディー）は、ドイツで流行った「ラインの守り」という曲で、カール・ヴィルヘルムというドイツ人の作曲です。ヴォーリズは、これを直接利用したというよりも、イェール大学の校歌（このメロディも「ラインの守り」）を借りたと思われます。

イェールの作詞家は、現役学生（H.S.Durand）です。ヴォーリズの作詞と比較すると、どうなのか、気になりますね。英文学の泰斗《たいと》、児玉実英《さねひで》先生（同志社女子大学名誉教授）によると、「エール校歌の作詞者は、学生。歌詞は、楽しかった大学生活を振り返り、卒業を控えた仲間たちに語りかける、というもの。初心者的な歌詞のため、分かりやすいが、未熟。韻を踏むが、縁語にはなっていない」と厳しいです。

「一方、ヴォーリズの場合は、内容が高尚であるうえに、作詞の技巧も素晴らしい。二行一対で韻を踏むだけでなく、それぞれが縁語の組み合わせになっている」とハナマルです（児玉實英「College Song and 西郷隆盛と京都薩摩藩邸」、『東京新島研究会だより』二七、二〇一五年四月二日）。

ワン・パーパスをめぐる諸問題

総じていい点をもらえたカレッジ・ソングなんですが、そこに問題がないわけじゃありません。いくつかを見ておきます。

まず、最初に指摘すべきは歌詞が英語、しかも古語が混じる文体だという点です。そのため、大学生でも覚えるのが一苦労です。同志社大学は、入学式までに「ワン・パーパス」を新入生に覚えてもらうために、これまでは入学手続きの書類と同時に「Doshisha College Song」という名前のＣＤを一人ひとりに送付してきました。最近は、ＣＤ配布を止めて、データ（電子）配信に代えているようです。

ＣＤの表紙には、「Doshisha College Song と讃美歌三三四Ａの二曲は、入学式で歌いますので、ぜひ覚えてください」とありました。その効果は、と言えば、ほとんどなさそうですね。学内高校出身者以外の新入生は、本番ではほぼ聞き流すしか手がありません。

暗唱しにくい英詩

一番だけでも暗唱が至難なのに、歌詞はなんと四番まであります。「日本一覚えにくい校歌」と揶揄されるほど、絶望的な構成です。その証拠に、在学生、なかには合唱団員でさえも、歌詞を暗譜《ソラ》で歌えない上級生メンバーがいます！だから、ふつうは一番だけを斉唱します。

それでは、いっそ日本語訳にしてみてはどうか。児玉実英先生による名訳がありますが、歌詞の意味をとるための翻訳ですから、音譜にあてはまらず、したがって訳詞では歌えないのです。

それで、暗唱しがたい英詩という点を逆手にとる奇策があったと聞いたことがあります。専門科目のテストに解答できなくても、裏面に「ワン・パーパス」の歌詞を四番まで英語で正確に書けば、それだけで単位がもらえるオイシイ試験があったという伝説です。こうした同志社大好き教員が、たとえ昔はいたとしても、さすがに現在では絶滅危惧種でしょうね。

覚えにくい歌詞ではありますが、昨年、同志社国際学院（ＤＩＡ）初等部の創立記念礼拝に呼ばれた時に、びっくりしたことがあります。「ワン・パーパス」が原詩通りに歌われたのです！小一の生徒が、“thy sons”だの、“sons of thine”だのと原文通りに歌っているのを見て、目が点になりました。

いや、もっと衝撃的な事実を最近耳にしました。同志社幼稚園でも歌わせているというではありませんか！園児たちにとっては、ラテン語のレクイエムをカタカナで歌うようなもんでしょう。

Brother 中心

二つ目の課題は、歌詞が男性的過ぎる、という批判、というかためらいです。たしかに曲の最後（四番の終わり）は、“For God, for Doshisha, and Brotherhood！”で締められています。曲は、最後にフォルテシモ（時には蛮声）で「ブラーザーフードッ!!」と絶叫して終わるのです。Brotherhoodというこの文言は、「ワン・パーパス」だけでなく、ヴォーリズの思想の中でも最重要のキーワードです。それだけに、他の文言には代えがたいのです。

ヴォーリズが作詞にあたって参考にしたイェール大学の校歌（原曲は同志社と同一）は、"For God, for Country, and for Yale!"で終わっています。ヴォーリズはこの Country を Doshisha に、そして Yale を Brotherhood に言い換えました。これを見てもいかに Brotherhood が重要であるかが、よく分かります。文言の意味については、後に述べます。

では、なぜ Brotherhood でしょうか。外見から答えることとは、実は簡単です。同志社が男子校であった時代の作詞だからです。その意味では、「良心碑」の文言と同じです。男子校であった頃の在校生（横田安止《やすただ》くん）に新島襄が宛てた私信の中にある一節なので、「丈夫《ますらお》」なる文言が使われているだけです。けっして女生徒を無視したわけではありません。

けれども、現実に Brotherhood の文言が使われている以上、学内女子中高や女子大では、「ワン・パーパス」は歌えない、との極論が出ます。それでも、同志社としての一体感を保持するためにも、何とか同志社全体（すなわち各校）で歌いたい、という希望が強いことも確かです。そのため、苦肉の策がいろいろと練られます。

たとえば、最近、女子を受け入れて共学となった同志社香里《こうり》中高は、この箇所を「神と同志社と兄弟姉妹のために」と「意訳」（拡大解釈）します（傍点は本井）。一方、Brother 不在の女子中高では、歌詞抜きの曲をオルゴールに仕立てて、チャイム代わりに校内放送で流す。同志社女子大学では、HPに「ワン・パーパス」の歌詞を取り上げるものの、一番の歌詞だけですませ、別に新しい女子大学歌を紹介しています。それぞれ苦労されてますよね。

園児も歌う大学の校歌

三番目の問題は、はたして「ワン・パーパス」は同志社のどこの学校の校歌なのか、という疑問です。「カレッジ・ソング」と通称されている以上、大学生が歌うのは、きわめて自然です。が、同志社では中高生、いや幼稚園児も歌うんです。

一方、本家の大学にしても、悩ましいことに「学歌」というのが、別に存在します。ゴールデン・デュオである北原白秋作詞・山田耕筰作曲の名作です。白秋は、早稲田の卒業生ですが、『同志社五十年史』に目を通し、キャンパスを散策して想を練ったといいます（河野仁昭『キャンパスの年輪』一四五頁）。歌詞は、「♪蒼空《あおぞら》に近く　神を思う瞳　挙《こぞ》れり同志社　一《いっ》の精神」で始まります。最後の「一の精神」は、「同志」や「ワン・パーパス」を指します。

「学歌」である以上、これこそ横文字で言えば「カレッジ・ソング」、すなわち「同志社大学校歌」ですよね。その証拠に、こちらは中高では決して歌わない。まして幼稚園では！であれば、「ワン・パーパス」は「カレッジ・ソング」と言うよりも、むしろ「同志社ソング」に当たります。

この「学歌」は、一九三五年に制定されたという時代背景からも窺えるように、英語（英詩）に対する反感、いや少なくとも対抗心が潜在しています。一説には日本（国粋）主義に染まったサークル、とくに運動部のモサたちが、日本語の校歌を切望したといいます。この年は同志社創立六十周年の節目の年でしたので、当局は「学歌」に加えてもう一曲、すなわち「同志社校歌」（湯浅半月作詞、大中寅二作曲）をも制定しました。当局も、日本語の校歌がほしかったのです。

こうして、英語の「ワン・パーパス」のほかに、日本語の「学歌」と「校歌」の二曲がほぼ同時に誕生します。これがその後、時局に対応するのに役立ってくれるのは、実に皮肉なことです。

やがて時代は戦争へと傾斜し、戦中・戦時中は、敵国語の「ワン・パーパス」を歌うことが禁止されます。それに代わって、安心しておおっぴらに愛唱できたのが、「学歌」と「校歌」でした。

戦後になってからも、日本語で歌えるということもあって、「学歌」は、人気がありました。現在でも愛好者は少なくない。こうして、戦後、復活した「ワン・パーパス」と並んで、校歌は「両立」（競合？）している状態です。その結果、卒業生たちのクラス会や同期会の終わりには、「ワン・パーパス」を歌ってから、「同志社チアア」（One two three,Doshisha）で締めるケースと、その中間に「学歌」を挟むというふたつのパターンが見られるようになりました。

私は両曲とも好きですが、「学歌」ではとりわけ最後の歌詞が気に入っています。「♪矜《ほこ》れ私学　京都の山河は　清《さや》かに守らん」という箇所です。「私学」と「京都」を高らかに歌いあげてるところなど、さすがに白秋です。作詞家として見事です。同志社の特徴をこの二点で切り取った作詞家は、ほかにはいません。ヴォーリズはグローバルで、白秋はローカルですね。

ナチスの歌との批判

最後の問題点は、先にちょっと触れた「ナチスの歌」じゃないか、との批判です。

最近でさえ、こういう問題が派生します。一九四二年にアメリカ映画、「カサブランカ」が制作され、話題作となったために、戦後、ヴォーリズが予期せぬ誹謗を受けることになります。これは皮肉なことですね。要するに映画の中で、ナチス兵が斉唱した「ラインの守り」が、カレッジ・ソングと同じメロディであるため、ビデオを見た同志社の学生の中から、「うちの校歌はナチスの歌」と誤解する者が出始めます。今も時々、詰問やら質問されます。

こうした批判が的外れであることは、すでに別のおりに実証しました。不幸なことにヴォーリズが借用した「イェール大学校歌」の元歌（ドイツ人が作曲した「ラインの守り」という国民的歌謡）は、もともと普仏戦争のために作られた曲でした。だから曲は勇ましく、戦闘的です。歌詞はともかく、男子校であったイェールでも同志社でも、学生を鼓舞するメロディとしては最適でした。

現実に「ワン・パーパス」は、ナチスが「ラインの守り」を第二の国歌のように推奨する前（一九〇九年）に作詞されています。この一点だけでも、両者の格差は歴然としています。ましてや、内容（歌詞）から見れば、両者は別世界です。

「ワン・パーパス」の四番は、明らかに平和主義です。ヴォーリズは、「ワン・パーパス」を作詩した前年に、「平和への祈り」と題した讃美歌も作詩しています。つまり、「ワン・パーパス」もこの讃美歌と同様に「平和への祈り」が込められています。だから、後に見るように、for Brotherhood

を強調するヴォーリズとしては、四番は省略してほしくない節でした。

もしも、好戦性が非難されるべき作品があるとすると、むしろ「火砲《ほづづ》の雷」です。一八八九年に里美義《ただし》が「ラインの守り」の歌詞を換骨奪胎して、日本版軍歌に訳し直した曲です。これこそ内容的に軍国主義万々歳曲です。要するに、「ワン・パーパス」と「火砲の雷」は、元歌が同じでも、内容にはまさに天地の開きがあります。

学園歌とワン・パーパス

「ワン・パーパス」の概説が長くなってしまいました。それでは、(二)の講演の中身に移ります。ヴォーリズ学園のスクール・ソングと同志社のカレッジ・ソングは、ともにヴォーリズ作詞の英語の学園歌です。したがって、内容というか中身に関しても、大きな共通点があります。

まず目につくのは、ヴォーリズの教育方針が窺えるキーワードが散りばめられている点です。そこでまず、共通する、もしくは似た用語をも含めて前者(ヴォーリズ学園)の歌詞から挙げてみます。peace, brotherhood, neighbors, hands and hearts, arts, body, mind and soul といった言葉が目を引きます。

後者(同志社)では、lofty aim, heart and hand, high aim, peace, the oneness of our Earth, mankind, the life divine, Brotherhood などです。

歌詞に表われている同志社・ヴォーリズ学園ソングの共通性を見ることとは、「ヴォーリズ精神」がどういう構造をしているかを知る手がかりを得る道でもあります。いくつかの特徴を挙げてみます。

兄弟主義

まず特徴的なのは、主（Lord）と隣人（人類）に仕える姿勢が、共に詠われています。要するに、キリスト教信仰に基づく隣人愛と奉仕です。ヴォーリズ自身の言葉で言えば、「Brotherhood 主義」です。「兄弟主義（国際性と人類愛）」、あるいは「世界同胞主義」と言い替えることもできます。ヴォーリズは、「近江兄弟社は、世界的兄弟主義であります」と断言します（W・M・ヴォーリズ「近江兄弟社の精神的機構」、『同志社校友同窓会報』一九三四年一一月一五日）。「近江兄弟社」を「同志社」と置き換えても、意味は変りません。近江兄弟社の「兄弟」（Brotherhood）は、同志社の「同志」（One Purpose）に相当します。

「ワン・パーパス」には、「世界はひとつ」（the oneness of our Earth）とあります。カレッジ・ソングの最後をBrotherhoodで締めくくった理由が、ここからお分かりいただけると思います。このあたりのことをヴォーリズの言葉で裏づけてみます。彼はこう告白しています。

同志社の性格は、その名の通りワンパーパスです。そこに詩想の根拠をおいて、〔校歌を〕書き続けました。そして、三節までは〔それぞれの末尾に〕神のため、同志社のため、祖国のため〔For God , for Doshisha, and Native Land !〕と歌ったが、最後の四節において、世界同胞のため〔For God, for Doshisha, and Brotherhood !〕と歌ひました。廣い世界の物の見方が、同志社のためにはほしいとの念願からです。〔中略〕だから、合唱する時は、必ず四節も歌って下さい」（「ワンパーパスの回顧――校歌作詞の事情」）。

リベラル・アーツ教育

次の特徴は、「リベラル・アーツ教育」です。これはなかなか説明しにくい言葉ですが（本書七〇頁以下を参照）、簡単に言えば、人格形成や人間作りを目指すために、知育、徳育、体育にわたる幅広い教養教育を行なう、という教育形態です。先に引用したヴォーリズの言葉の中にも、「廣い世界の物の見方が、同志社のためには欲しい」という一文が入っています。

歌詞で言えば、Hand（body, arts）＆ Heart がそうです。これらを鍛えることが、円満な人格形成（Body, Mind and Soul）につながる、との教育観であり、信念です。

ヴォーリズは、学生時代からＹＭＣＡの活動に積極的でした（来日したルートが、実はＹＭＣＡであることを思い出してください）。彼は、早くからＹＭＣＡの精神に心底から共鳴し、そこから大事なものを吸収しています。ここで言う教育観がそうです。ＹＭＣＡは、高らかにこう宣言します。

「ＹＭＣＡの赤三角マークは、心（Spirit）、知性（Mind）、体（Body）の調和を表し、生涯を通して、全人的に成長することを願うものです」と。「あたま」だけでなく、「こころ」と「からだ」をも鍛え、全人的な成長を調和的に遂げる、それがリベラル・アーツ教育の目的です。

全米のリベラル・アーツ・カレッジで最も著名なカレッジは、アーモスト・カレッジです。そこで学んだ新島は、帰国後、「日本のアーモスト」を目標に同志社を開校しました。ヴォーリズは当然、そのことを承知していたはずです。彼もまた、リベラル・アーツ・カレッジ（コロラド・カレッジ）を出ています。

要するに、同志社同様にヴォーリズ学園もまた、リベラル・アーツ教育を目指す学園です。

自由と奉仕

その点は、ヴォーリズ学園が公的に発表している教育宣言（学園目標）にも、明らかです。二か国語で出されています。

Self-mastery for free manhood
Originality and Creativeness for self-reliance.
Intelligent and International mind with love
and faith in God, our Creator.

自己統制力のある自由人の教育、
独立自主、創造力に富む人の教育
愛と信仰をもった

知性豊かな国際人の教育

「自由人」（free manhood）の育成に力を入れたいというのが、まさにヴォーリズ的です。同志社もそうです。例の「同志社大学設立の旨意《しい》」は、はっきりと「自治自立の人民を養成するに至っては、是《こ》れ私立大学特性の長所たるを信ぜずんば非《あら》ず」と明記します。ヴォーリズの場合、self-mastery & self-reliance が、新島の言う「自治自立」に相当します。いずれもリベラル・アーツ教育が生み出したいと期待する生徒・学生像です。

自由人の生き方の中には、同胞や兄弟、姉妹に仕える（奉仕する）ということが、柱のひとつであらねばなりません。新島が奉仕第一主義の人であったことは、すでに周知ですが、ヴォーリズも歌詞の中で奉仕を強調します。

平和のつかい

こうして見ると、ヴォーリズと新島は、個人的な交流は皆無でしたが、思想的にはつながっていることが明白です。とくに「志」を大事にする点からも、ふたりは、ともに「高尚な同志」であったという気がします。

そもそも「ワン・パーパス」が意味するもの——それは「同志」です。新島の場合、「志」を同じくする「同志」が創る学園が同志社（宣教師流に英語で言えば、One Purpose Company）です。ヴォーリズはカレッジ・ソングの中で、「高尚な志」(lofty aim, high aim)とか、「高尚な生涯(人生・生き方)」(the life divine)を目指すことを勧めています。

精神教育を重視するところも、共通しています。新島は、「心育」(こころの教育)を重視した先駆者のひとりです。

さらに、平和を希求した点でも、ふたりは同志です。群馬県には有名な郷土カルタ、「上毛かるた」がありますが、札《ふだ》の一枚は、「平和の使徒《つかい》 新島襄」です。一方、ヴォーリズは満喜子夫人により、「世界人類をつなぐ平和の使者」と呼ばれています。

ヴォーリズの平和主義は、先に述べた兄弟主義と表裏一体をなしています。「世界同胞のため」と詠われた「ワン・パーパス」が、ナチスの同類項であるはずはありません。ふたつの学園歌には、ちゃんと「平和」(peace)という文言が入っていますよね。

こうした特異な「同志」が創る学園が、同志社であり、ヴォーリズ学園であります。だから、ふたりの創立者の「志」を継ぐ「同志」の有無が、学園存立のカギを握ります。幸いにも彼らの「志」は、それぞれの学園歌に明瞭に表われていますから、歌うたびに、そのことをたえず確認して行きたいものです。

(二〇一六年十月二八日)

おわりに

今年は新島襄の本を三冊、出します。上半期（三月二十日）に出版した『新島襄と明治のキリスト者たち』を皮切りに、下半期には『新島襄の師友たち』と本書、『自己発見のピルグリム』が続きます。前者は十月一日、後者は十二月一日と、それぞれ節目の時に出します。

これも各方面から大勢の方々のご支援があってのことです。感謝に堪えません。そのためにも、拙著で恩返しをしなければなりません。

「はじめに」でも触れましたが、「新島襄を語る」シリーズの続行決断もそのひとつです。楽屋話しを暴露しますと、当初の計画では、十年に及んだ講演集シリーズの出版に代わって、以後は学術書の出版にシフトして、「新島襄の交遊録」に関する続編を三、四冊、次々と出すつもりでした。その作業に関しては、けっして手を抜いたわけじゃありませんが、講演集シリーズとすっぱり手を切ることはできませんでした。

再開する日が近いのを予感していたかのように、二年前に出したシリーズ最終巻、『志を継ぐ』の「おわりに」には、こう書いています。

この書でシリーズの「打ち止め」とはするものの、これは「終着駅じゃありません。ゴールインじゃなくて、ピットインです。ひと呼吸を入れて、いや、燃料を入れて、すぐにレースに戻ります」と。

リセット後の現場復帰が意外に早かったのは、「はじめに」で触れた要因以外にも、理由があります。講演集の語りと執筆が、とても楽しい作業であることを改めて知らされたためです。ちょっとした「講演集喪失《ロス》」です。話し言葉で著作（講演集）を作る魅力には、捨てがたいものがありました。専門家や研究者を対象に、硬い言葉や学術用語を散りばめて論文を綴ったり、専門書を執筆したりすることは、もとより研究者に課せられた大事な仕事です。

それに対して、肩の力を抜いて、砕けた言葉で一般の方や、若い生徒や学生、同好の士に話しかけることもまた、それに劣らず大事なことをこの十年で実感させられました。新しい同志との邂逅や、奈良や新潟を始めとして各地を探索できたことも、ひとつの切掛けになりました。かくなるうえは断固やるべし、と決断して、思い切って講演集を続行することにしました。

ただし、体力、気力、資金などの面では、不安も伴います。例によって印税抜きの自費出版ですから、再レースをどこまで続けられるのか、保証の限りではありません。本格的なシリーズになるのか、あるいは単発で終わってしまうのか、見通しは不透明です。

竜頭蛇尾に終わらぬよう、読者の皆さまからは引き続きご支援をお願いするしだいです。

今日（十月三十一日）はキリスト教にとっては、特別の日です。ハロウィン――ではなくて、プロテスタント（新島襄がそうです）が誕生したことを祝う宗教改革記念日です。来年はいよいよ五百年の節目です。権力者を前にしてマルチン・ルターは、「われ、ここに立つ」と一歩も引かぬ決意を表明しました。そのような凛々《りり》しさと凄みは、私にはありません。

しかし、奇しくもこの大事な記念日に「おわりに」を綴る以上、せめて「ああだ、こうだ」と言い訳はせずに、朋友の力を借りながらも、美事に務め《ミッション》を果たしたい、と祈るばかりです。

二〇一六年十月三十一日

本井　康博

索　引

E

F

G

HA

HI

I

O

P

RA

RI

SA

YO

YU

Z

著者紹介

本井康博（もとい・やすひろ）

元同志社大学神学部教授（1942年生）。神学博士。
専攻は日本プロテスタント史、とくに新島襄ならびに同志社史。『新島襄と徳富蘇峰』（晃洋書房、2002年）、『新島襄の交遊』（思文閣出版、2005年）、『新島襄と建学精神』（同志社大学出版部、2005年）、同志社編『新島襄の手紙』（共編、岩波文庫、2005年）、同志社編『新島襄　教育宗教論集』（同前、2010年）、同志社編『新島襄自伝』（同前、2013年）などを出版。2005年以降、講演集「新島襄を語る」シリーズも刊行中（現在、本巻10巻・別巻５巻）。

自己発見《じこはっけん》のピルグリム

新島襄《にいじまじょう》を語《かた》る　別巻（五）

2016年12月１日初版発行

定価：本体1,900円（税別）

著　者　本井康博
発行者　田中　大
発行所　株式会社思文閣出版
605-0089　京都市東山区元町355
電話　075-533-6860（代表）

印　刷
製　本　株式会社 図書印刷 同朋舎

ISBN978-4-7842-1874-5 C1016